KB147097

코젤렉의 개념사 사전 15

아나키/아나키즘/아나키스트

코젤렉의
개념사 사전 15

아나키/아나키즘/아나키스트
Anarchie/Anarchismus/Anarchist

페터 크리스티안 루츠·크리스티안 마이어 지음
라인하르트 코젤렉·오토 브루너·베르너 콘체 엮음
한림대학교 한림과학원 기획
송재우 옮김

Anarchie/
Anarchis
mus/
Anarchist

푸른역사

일러두기

· 이 책은 오토 브루너Otto Brunner · 베르너 콘체Werner Conze · 라인하르트 코젤렉Reinhart
Kosellek이 엮은 《역사적 기본 개념: 독일 정치 · 사회 언어 역사사전*Geschichtliche Grundbegriffe.
Historisches Lexikon zur politisch-sozialen Sprache in Deutschland*》(Stuttgart: Klett-Cotta, 1972~1997) 중
〈아나키/아나키즘/아나키스트Anarchie/Anarchismus/Anarchist〉(제1권, 1972, pp.40~109) 항목을
옮긴 것이다. 페터 크리스티안 루츠Peter Christian Ludz와 크리스티안 마이어Christian Meier가
집필했다.
· 미주는 저자, 각주는 옮긴이의 것이다. 각주로 처리된 옮긴이 주의 경우 주석 앞에 [옮긴이]
표기를 했다.
· 이 책은 2018년 대한민국 교육부와 한국연구재단의 지원을 받아 간행되었다(NRF-
2018S1A6A3A01022568).

번역서를 내면서

●●● 《코젤렉의 개념사 사전》(원제는 《역사적 기본 개념 *Geschichtliche Grundbegriffe*》)은 독일의 역사학자 라인하르트 코젤렉 Reinhart Koselleck(1923~2006)이 오토 브루너Otto Brunner, 베르너 콘체Werner Conze와 함께 발간한 '독일 정치·사회 언어 역사사전 Historisches Lexikon zur politisch-sozialen Sprache in Deutschland'입니다. 이 책은 총 119개의 기본 개념 집필에 역사학자뿐 아니라 법학자, 경제학자, 철학자, 신학자 등이 대거 참여한 학제 간 연구의 결실입니다. 또한 1972년에 첫 권이 발간된 후 1997년 최종 여덟 권으로 완성되기까지 무려 25년이 걸린 대작입니다. 독일 빌레펠트대학의 교수였던 코젤렉은 이 작업을 기획하고 주도했으며, 공동 편집자인 브루너, 콘체가 세상을 떠난 후 그 뒤를 이어 책의 출판을 완성했습니다.

《코젤렉의 개념사 사전》이 가진 의의는 작업 규모나 성과물의 방대함뿐만 아니라 방법론적 혁신성에도 있습니다. 기존의 개념사가 시대 배경과 역사적 맥락을 초월한 순수 관념을 상정하고 그것의 의미를 밝히는 데 치중했다면, 《코젤렉의 개념사 사전》은 정치·사회적 맥락 속에서 전개되는 의미의 변화 양상에 주목합니다. 따라서 코젤렉이 말하는 '개념'은 '정치·사회적인 의미연관들로 꽉 차 있어서, 사용하면서도 계속해서 다의적多義的으로 머무르는 단어'입니다. '기본 개념'은 그 중에서도 특히 정치·사회적인 현실과 운동에 강력한 영향력을 행사한 개념을 가리킵니다.

나아가 《코젤렉의 개념사 사전》은 근대성에 대한 깊은 성찰을 담고 있습니다. 코젤렉은 1750년부터 1850년까지 유럽에서 개념들의 의미에 커다란 변화가 나타나, 근대 세계와 그 이전을 나누는 근본적인 단절이 발생했음에 주목했습니다. 이러한 단절을 그는 '말안장 시대' 또는 '문턱의 시대'로 표현한 바 있습니다. 또한 코젤렉은 근대에 들어오면서 개념은 '경험 공간과 기대 지평'이라는 두 차원을 가진 '운동 개념'이 되었음을 드러냄으로써 근대성에 대한 물음을 성찰하도록 해주었습니다.

《코젤렉의 개념사 사전》은 방대한 기획과 방법론적 혁신성, 근대성에 대한 통찰을 담은 기념비적 저작이라는 면에서 광범위한 차원의 호평과 반향을 불러일으켰습니다. 또한 분과학문의 틀을 뛰어넘는 인문학적 역사 연구의 전망을 제시했다는 점에서 개념사 연구의 표본적 모델로 인정받고 있습니다. 개념사 연구가 비교적 늦은 한국 사회에도 이 책의 존재는 어느 정도 알려져 있습니다.

한림과학원은 2005년 《한국 인문·사회과학 기본 개념의 역사·철학사전》 편찬 사업을 시작하여 2007~2017년 인문한국(HK) '동아시아 기본 개념의 상호소통 사업'을 수행해왔습니다. 2018년부터는 인문한국플러스(HK⁺) '횡단, 융합, 창신의 동아시아 개념사'로 확장하여 동아시아 개념사 연구의 새로운 지평을 여는 데 기여하고자 합니다. 전근대부터 근대를 거쳐 현대에 이르기까지 동아시아에서 개념이 생성, 전파, 상호 소통하는 양상을 성찰하여, 오늘날 상생의 동아시아 공동체 형성을 위한 소통적 가능성을 발견하는 것이 이 사업의 목표입니다. 《코젤렉의 개념사 사전》의 번역은 우리나라에서 처음 시도하는 작업으로, 유럽의 개념사 연구 성과를 정확하게 이해하는 데 필수적입니다. 그 결과물로 2010년 1차분 〈문명과 문화〉, 〈진보〉, 〈제국주의〉, 〈전쟁〉, 〈평화〉, 2014년 2차분 〈계몽〉, 〈자유주의〉, 〈개혁과 (종교)개혁〉, 〈해방〉, 〈노동과 노동자〉를 내놓았습니다. 이어서 이번에 3차분 〈위기〉, 〈혁명〉, 〈근대적/근대성, 근대〉, 〈보수, 보수주의〉, 〈아나키/아나키즘/아나키스트〉를 내놓습니다. 이를 계기로 개념사 연구에 대한 관심이 더욱 높아지고, 개념사 연구방법론을 개발하는 시도가 왕성해지기를 바랍니다.

2019년 2월
한림대학교 한림과학원 원장 김용구

CONTENTS

페터 크리스티안 루츠 Peter Christian Ludz (1931~1979)

 독일의 정치 사회학자로 동독 및 동서독 연구 전문가이다. 저서로 《이데올로기 개념과 마르크스주의적 이론》, 《전환기의 정당 엘리트》 등이 있다.

크리스티안 마이어 Christian Meier (1929~)

독일 고대역사학자. 1981년에서 1997년 퇴임까지 독일 뮌헨대학교에서 고대사 교수로 활동했다. 저서로는 잘 알려진 《케사르와 아테네인》, 《세계사의 새로운 시작》 등이 있다.

서언

'아나키'는 "지도자나 지배가 없음"이라는 뜻의 그리스어 "ἀναρχία"에서 유래했다. 이 개념은 지휘나 통치가 없는 상태에 대해서 기술적技術的으로 사용되었다. 체제이론 Verfassungstheorie에서 이 말은 별로 중요하지 않지만 "속박이 없음Ungebundenheit"과 "방종Zügellosigkeit"이라는 뜻으로만 대체적으로 사용되었다.

CHAPTER Ⅰ

Einleitung

Ⅰ. 서언

● ● ●   '아나키'는 "지도자나 지배가 없음"이라는 뜻의
그리스어 "ἀναρχία"에서 유래했다. 이 개념은 지휘나 통치가 없는
상태에 대해서 기술적技術的으로 사용되었다.

체제이론Verfassungstheorie에서 이 말은 별로 중요하지 않지만 "속
박이 없음Ungebundenheit"과 "방종Zügellosigkeit"이라는 뜻으로만 대
체적으로 사용되었다. 중세기에 라틴어화된 형태인 "anarchia"는
"지배가 없음"이나 "무법성Gesetzlosigkeit"이란 두 가지 의미로 세계
적으로 거의 모든 언어권에서 사용되었다. 특히 16세기와 17세기
에 "아나키"라는 단어의 쓰임새는 무엇보다 영국과 프랑스 언어권
에서 "권세Autorität가 없음"에서부터 "도덕적 아나키", "무질서
Unordnung", "카오스Chaos", "파멸Desaster"이란 의미로까지 넓어졌
다.[1] 독일 언어권에서 네링Nehring에 의해서 처음으로 "anarchia"라
는 말이 1684년 "지배자가 없음"으로, 그리고 베흐틀러Wächtler에

의해서 1709년에 동일한 의미로 "아나키"란 말이 사용되었다.[2]

이 개념의 독자적 발전은 18세기에 이루어지며, 프랑스혁명 중에 정치적 일상에까지 사용되게 되었다. 그 복잡한 역사는 의미론적인 측면을 사용상의 측면과 구별할 때 비로소 분명해질 수 있다. 의미론적으로 아나키 개념은 "ἀν-αρχία", "지배자Herrscher 없음"이라는 뜻과 넓은 의미에서 "(국가적인) 권세Autorität가 없음"이라는 뜻에서부터 역사적으로 거의 바뀌지 않았다. 아나키 개념은 긍정적, 부정적인 쪽으로 사용상의 의미가 넓어졌다. 계몽주의, 독일 관념론, 이상적-유토피아적 사회주의는 이 개념을 부정적 의미에서 긍정적 의미로 바꾸는 데 이바지하였다. 원래 지배 형태 이론의 틀속에 자리잡고 있던 이 개념은 점차 이러한 뜻에서 벗어나 역사화되었으며, 그 발전의 정점은 프루동Proudhon과 모제스 헤스Moses Hess에 의한 체제 개념Verfassungsbegriff에로의 새로운 정립에서 발견된다. 이러한 발전의 계보 외에도 "아나키"란 개념의 사용 영역이 역사화되는 과정 속에서 긍정적이거나 부정적인 내용들이 크게 확장되어지는 것도 확인된다. 다양한 정치적 색깔을 지닌 자유주의자, 보수주의자, 진보주의자들은 아나키라는 개념을 다양한 맥락에서 무엇을 폭로하거나 감추기 위해서 사용하였다.

페터 크리스티안 루츠

II

"아나르키아ἀναρχία.(지배자 없음)"라는 말은 5세기 중반에 쓰임새가 확인되나 "아나키즘ion apχía(일인지배 왕정)"이라는 말처럼 더 오래전부터 사용되었을 것이다. 이미 호머의 작품에서 군대의 지도자가 없음을 표현하는 말로서 형용사 "아나르코스(ἄναρχος(지도자가 없음)"라는 말이 사용되었다.

CHAPTER II

Chapter

Ⅱ

1. 고대의 "아나키"

● ● ● "아나르키아ἀναρχία(지배자 없음)"라는 말은 5세기 중반에 쓰임새가 확인되나 "아나키즘μοναρχία(일인지배 왕정)"이라는 말처럼 더 오래전부터 사용되었을 것이다. 이미 호머의 작품에서 군대의 지도자가 없음을 표현하는 말로서 형용사 "아나르코스ἄναρχος(지도자가 없음)"라는 말이 사용되었다.[3] 또한 명사도 처음에는 단지 군사용으로 사용되었을 것이다. 한 집단에서 주군主君이나 지도자가 없는 모든 상태를 지칭하고, 그 후에 특히 하나의 폴리스Polis에서 "집정관이 없음("지도자들ἄρχοντες")"이란 말이 거의 서로 유사하게 사용되어서 곧바로 일반화되었을 것으로 보인다.

용어상으로 엄격하게 이해하자면 이 말은 항상 군사적인 지도자 없음[4]이란 뜻이며(그리스에서 집정관이 없음, 그 후에 로마의 과도정 기간을 지칭하듯이), 집정관이 없는 상태와 마찬가지 의미에 결부되었다.[5] 이 밖에 고전시대와 그 직후에는 사실상 지도나 지배가 없는 상태에서 나오게 된 속박 없음과 방종이라는 단지 막연한 의미에서 우선적으로 사용되었고, 혹은 곧바로 불순종[6]이라는 의미와 경우에 따라서는 결과적으로 혼란한 일반적 상태를 의미하게 되었다. 이러한 의미의 변환은 아마도 구체적으로 "지도자 없는" 집단의 행동 방식인 "민중의 무법지배δημόθρους ἀναρχία"라고 표현하는 거칠고 시끄럽게 소속감이 없는 군중의 상태나 혹은 "무법 상황에 빠진 해군들ναυτικήάναρχία"이라고 표현되는, 해군들의 뻔뻔스럽게 통제되지 않은 상태를 빗댄 것이리라.[7] 정치체제 이론 내에서 "아나르키아άναρχία"는 헬레니즘 시대에 와서야 비로소 분명한 의미를 얻게 되는데, 여기에 대한 유일한 증거는 헬레니즘에 동화된 유대인인 알렉산드리아의 필론Philon von Alexandria이 살았던 시기(대강 기원전 25년에서 기원후 40년)이다.

폴리스와 연관되어서 이 낱말은 그 밖에도 "속박이 없음", "방종", "무질서"란 막연한 의미에서 사용되었으며, 실제로 아이스퀼로스와 플라톤도 사용하였고, 아리스토텔레스는 한 번 사용하였다. 아레오팍Areopag의 실각 이후, 즉 458년 이후에 아이스퀼로스Aischylos는 자제심 없는-속박이 없는("지도자가 없음άναρχος" 내지 "지배력이 없는άναρκτος") 삶이나 전제적-지배적δεσποτούμενος 삶을 긍정하는 것을 매우 강력하게 경고하였다.[8] 이와 함께 처음으로 플라톤에게 매우 중요시되었던 다음과 같은 주제가 나오게 되었다. 민주정에

의하여 지나치게 존중받았던 자유를 속박이 없음으로 비판하고, 이러한 비판은 통치하는 자들에 대해서 뿐만 아니라 전통적으로 계속 옳다고 존중되었던 "법률νόμοι"에 대해서, 말하자면 법률, 관습, 교육, 그리고 전체적인 삶의 질서와 연관지어서 일반적인 의미에서 행해졌다. 아이스퀼로스에게는 민회Volksversammlung의 중요한 역할과 새로운 "법적 평등Isonomien"으로 표현되었던 여러 가지 많은 것들이 사실 좋은 것이며 환영할 만하지만, 아주 오래되고 계속되던 질서로부터 이탈된 민중의 독재는 그 반대였다. 플라톤은 민주정을 이를테면 "달콤하고, 자제심이 없으며 화려한 치장의 정치체제"라고 말하면서 보다 상세하게 비판을 하였다. 그는 민주정이 너무 지나쳐서 심지어 짐승조차도 "아나키"를 배울 정도라고 여겼다. ―"까다롭고 전제적으로 보이지 않기 위해서" 선생은 학생을 두려워하고, "늙은이는 젊은이를 따르하며", 멍청한 사람조차 "제멋대로 행동하며" 누구 앞에서도 물러서지 않는다. "피지배자처럼 복종하는 통치자만이, 통치자처럼 복종하는 피지배자만이 개인적으로나 공적으로 찬양받고 존경을 받는다." 사람들은 성문법이나 불문법에 개의하지 않는다. 시민들의 영혼은 "나약해져서 약간의 의무라도 주고자 하면 바로 싫어하고 참지 못한다." 질서("규율τάξις")나 강제성("강제ἀνάγκη")이 이러한 정치체제 내에서의 삶을 결정하지 못한다.[9]

이를 통해서 플라톤이 묘사한 것은 '아나키'가 아니라 '민주정'이다. 그것은 바로 민주정의 독특한 "자유를 향한 충족되지 않는 성격"의 영향이다.[10] 속박이 없음과 자제심 없음, 그리고 순종에 대한 불만은 특히 "오만", "향락", "무절제ἀσωτία"의 특징이며, 두려움과 경외가 없는 상태 "아나데이아ἀναίδεια(수치심 없음)"이다.[11] 흥미로운 것은 언젠가 민주정적 인간의 정치체제에 사용된 표현 방식인 "아나르키아 까노미아ἀναρχία καὶἀνομία"가 여기에 있다는 점이다.[12] 노모스Nomos를 존중하지 않는 것이 자제심 없음과 연관되어서 강조된다.

플라톤과 유사하게 아리스토텔레스는 "누구나가 원하는 삶"이라는 표현을 사용한다. "각자 원하는 대로 사는 삶ζῆν ὡς βούλεταί τις."[13] 그에 따르면 이것은 (완전한 시민권, 조직 등을 결합시켜 놓은 것과 함께) 민주정의 특징 중의 하나이다.…… 엄밀하게 말해서 이것은 민주정적 자유와 평등의 모습이며, 사실상 정치를 외면하는 모습을 설명한다. 이것은 아테네가 스파르타와 의도적으로 비교를 하면서 제시했던 예전의 바로 그 방식이다.[14] 시민들은 자유로이 있기를 원하며, 어떤 공공기관도 시민들을 교육하고, 아이들을 가르치고, 자기네들의 삶을 감시해서는 안 된다. 아리스토텔레스는 언젠가 말하기를 "가능하면 그 누구에게도 통치받지 않는 것이 좋고, 만일 이것이 불가능하다면 (통치자와 통치받는 자 사이의) 상호작용이 중요하다"고 말했다.[15] 그런데 이 말은 자유로 이해되며, (사실상 단지 극단적인 형태의) 민주정의 일부로 이해되어야 한다. '아나키'라는 낱말이 비록 이러한 자유, 통치를 받거나 지배를 받는 데 대한 반감을 철저하게 보여주는 특징이 있더라도, 이런 맥락에 맞는 말이 아니다. 단지 한 군데에서 노예, 여성, 아이들의 속박 없을 때의

특성이 민주정과 독재와 같다는 말이 있다.[16]

딱 한 번 아리스토텔레스는 테베Thebe와 메가라Megara에서 특정한 상황을 지배하는 "지배력을 상실하고 규율도 무너진 상태άναρχία καὶ άταξία" 때문에 민주정 국가가 부자들에 의해서 경멸받고 무시되어 붕괴되었다고 말했다.[17] 그러나 체제의 기능이 작동되지 않는 것에 대한 그의 진술 대부분에서, 특히 민주정에 대한 진술에서 이런 발언들은 극히 소수에 불과하다. 정치체제 전복의 많은 이유 중에서 아나키는 ―그리고 또한 이와 결부된 "규율 없음άταξία"은 ― 단지 간접적인 위치에 서있으며, 이런 이유로 경멸을 받게 된다. 이 개념이 역사가와 연설가들 외에는 기술적인 의미에서 어디서도 사용되지 않았다는 점이 눈에 띈다.

그러므로 "아나키"에 대한 인식은 고전시대나 고전시대 직후에 한편으로는 지도 기술이나 통치 기술적 사실로 제한되고, 다른 한편으로는 삶의 속박이 없음이라는 일상적인 말투나 상징이 되었다. 전적으로나 실제적으로 지배가 없음이라는 보다 정확한 개념은 당시에 분명히 없었다. 이것은 분명히 당시의 사람들이 확정된 다양한 양식의 지배 그 자체에 대해서 개념적으로 구별하지 않았다는 사실과 결부된다. 당시의 사람들은 지배의 주체를 구별하였는데, 말하자면 단지 간접적으로 지배의 주체로부터 지배 양식을 파악할 수 있었다. 항상 어떤 동인動因이 지배나 통치의 주체라는 사실은 분명한 것이었다. 지배 방식에 대한 물음은 이론적으로 지배하는 자의 방식에 대한 물음으로 받아들여졌으며, 여기에서 제도적인 장치는 상황에 따라서 추가될 수 있었다. 이기적인지 아니면 공공의 이익을 추구하는지, 피지배자와 합의된 상태인지 그러하지 않은지, 법에 따르는지 또는 아닌지가 저러한 물음을 판단하는 기준이 되었다. 플라톤처럼 사람들은 소수나 민중에 의해서 지배받는 곳에는 "국가Politeia"가 없으며, 단지 "폴리스의 관리 방식", 혹은 "당파"만 있을 뿐이라는 것을 확인할 수 있었다.[18] 그 밖에는 단지 통치 조직에 대한 몇 가지 말만 있을 뿐이다.

지배 없음의 상태를 상상하거나 효과 없는 지배의 상태를 심각한 무질서라는 의미에서 '아나키'로 개념적으로 파악하거나 심지어는 좋은 뜻으로 사용하는 것은 폴리스를 중시하는 사고의 가능성을 넘어선 것이었다. 기껏해야 사람들은 끔찍한 이전의 시대를 전제정치와 아나키라는 특권이 지배하는 사회의 두 가지 가능성으로 추정할 수 있었다.[19] 그런데 무질서를 이해하는 데에는 아주 다양한 가능성이 있었다. 일반적으로는 노모스Nomos가 지켜지지 않는 상태를 "불법 상태δυσνομία"와 "무법 상태ἀνομία"로 생각했다. 이 둘은 ― 이들 전체에 대한 반대 개념은 "법치 상태εὐνομί"― 단지 폴리스의 질서라는 표본이 있었으며, 또한 개념적으로 이들이 단지 뚜렷하거나 그렇지 않게 구별될 수 있었던 그러한 시대에서부터 나왔다.[20] 이러한 나쁜 상태는 모든 가능한 비참한 상태, 특히 전제정치의 온상으로 간주되었다.[21] 5세기 이후에 여러 정치체제들의 전체적 토양이 유사하게 조성되었다. 군주제, 과두제, 민주제는 그 장단점과 혼합에 대해서 끊임없이 논의가 되었다. 이후에는 아노미아

Anomia(무법) 상태가 독자적 역할을 하지 못했고, 이 말은 무법적인 태도, 법규 위반, 가끔은 무법의 상태를 표현하는 데 그쳤다. 플라톤의 경우 전제정치의 온상으로서 그 역할은 민주정, 특히 지나친 민주정이 차지하게 되었다.[22] 아리스토텔레스의 경우에는 그 대신에 다양한 형태의 정치체제들의 변종이 그 자리를 차지하게 되었다. 여기에서 그는 보다 구체적인 것을 물었다. 그 주제는 하나의 체제가 가진 원칙의 확대, 외교적 영향이 어떻게 구체적인 폐해를 낳는지에 관한 것이었다. 한 마디로 요약하자면, 폴리스의 질서는 국가Politeia로, 즉 언제나 때에 따라서 시민권이나 정치체제로 본질적인 것이지 "국가 질서"로 추상화된 것으로 받아들여서는 안 된다. 대립은 폴리스들 사이에서 나오지 질서와 무질서 사이에서 성립하지 않는다. 아나키에 반대되는 것으로 모든 정치체제를 통하여 그 자체로 합리적인 관리, 중립적인 재판권, 경찰처럼 하나의 국가, 요구조건이 까다로운 질서가 제시된 것은 아니다. 무질서로 파악되는 것은 일반적으로 보다 구체적이며, "폭동ταραχή(정변)", "내란στάσις(격렬한 내부적인 분란, 불화, 경우에 따라서는 내전)", "무질서ἀταξία(비질서)", "무법ἀνομία(무법성)", 혹은 또한 "소통의 상실ἀμειξία(시민의 신뢰의 근본이 흔들림, 소요, 내전)"이다. 방종도 또한 "제멋대로 함ἀκολασία"이라고 더 잘 표현이 되었다.[23]

단지 하나의 예외가 다음의 규칙을 확인시켜준다. 알렉산드리아의 필론Philon von Alexandria은 폴리스(및 전체 국가들)들의 지배 없는 상태라는 의미에서 아나키의 가능성을 염두에 두고 "지배ἀρχή"와

"지배력 상실ἀναρχία" 사이의 대립을 전제로 한다.[24] 아나키는 중우정치, 천민의 지배를 낳는다.[25] 이것은 모든 바람직하지 않은 상태의 원천이다. 이에 비해서 특히 법과 정의가 존중되는 곳에서 "아르케ἀρχή"는 구원을 의미한다.[26] 필론의 말 속에 정치체제적 이론체계가 들어있는지는 확인하기 쉽지 않다. 그는 "아르케ἀρχή"를 위해서 모든 것을 희생하고자 하지 않는다. 그는 전제정을 중우정이나 과두정과 마찬가지로 신랄하게 비판한다.[27] '민주정'은 그에게 최고의 정치체제로 보이며, 다른 곳에서는 "수령ἐπιστάτης"과 "지도자ἡγεμών"가 필요하다고 말하고, 왕정을 찬양한다.[28] 짐작컨대 그는 '민주정' 체제를 무엇보다 개인의 권리가 중시되고, 그러는 한 평등이 잘 제공되는 정치체제로 이해하고, 이에 비해 왕이 통치하는 것이 최악은 아니라고 여기는 듯하다. 아마도 그는 여기에서 혼합된 정치체제를 염두에 두는 것이리라. 그렇다면 그는 공동체와 관련하여서 (우주와 관련된 신처럼) "아르케ἀρχή"를 모든 선을 기대한다는 좋은 의미로 사용한 것이리라.[29] 달리 살펴보면 "지배없음ἀναρχία"과 "무질서ἀταξία"는 나쁜 정치체제에 대한 상위 개념이 아니라 그 발생의 근거이다. — 유태인이나 신학적 전제의 근거하에 살았던 헬레니즘 시대의 경험에서 벗어나서 — 여기에서 처음으로 '아나키'가 극도의 무질서 상태로 지배 없음이라는 의미에서 처음으로 개념화되었다는 점이 확인된다.

이와 달리, 예를 들어 헬레니즘 시대의 제논Zenon이나 아리스팁포스Aristippos는 학술적 글에서, 지배로부터 자유로운 공동체가 제

아나키/아나키즘/
아나키스트

시되고 권장되었다고 주장하였다.[30] 이에 대한 근거는 현재 확인되지 않는다. 제논은 이와 같은 "아나키"를 기껏해야 현명한 사람들을 위해서 옹호했을 것이다. 아리스팁포스는 지배자나 통치자를 염두에 두었음이 확실하다. 그밖에도 사실 모든 것이 잘 진행되고, 여기에는 또한 — 얌불로스Jamboulos의 태양의 나라에서처럼 — 모두가 서로 노동을 하게 되는 섬에 관한 유토피아적 묘사가 있었다. 그러나 그 기능이 작동하는 주체는 바로 정부이다. 여기에는 민주정의 정치적 특징인 그러한 기능의 교체만 극단적으로 이루어질 뿐이었다. 아나키에 대해서는 아무런 언급이 없다. 여기에서도 마찬가지로 단지 지배와 통치의 양상만이 문제가 되었다. 아나키는 최소한 국가를 전제로 한다는 것이 여기에서 확인되는 긍정적 강령이다.

　　로마인들은 '아나르키아Anarchia'를 알지 못했다. 그들은 "내분 seditio", "소요tumultus", "폭동perturbatio" 등에 관해서 언급을 하였다. 라틴어적 형태인 "아나르키아anarchia(무정부)"는 중세가 되어서야 나타나게 되었다.[31]

크리스티안 마이어

2. 중세와 종교개혁

로마라는 세계 제국에서부터 유지되어 온 세계 왕정이라는 생각이 지배하는 중세에는 독자적인 국가론이 없었다. 따라서 루돌프 트로이만Rudolf Treumann이 지적하듯이, 중세의 국가 이해는 교회와 봉건제도라는 두 가지 크나큰 삶의 현상을 조건반사적으로 가지게 되었다.[32] 세계 왕정−황제, 그리고 세계 주교−교황은 신으로부터 직접적으로 나온 권력을 가진다. 이에 따라서 중세의 국가론은 다른 권력에 대한 자기 권력의 우월성이나 동등성을 보여주고자 했다. 토마스 폰 아퀴나스Thomas von Aquins의 가르침은 아리스토텔레스의 국가 형태 이론 위에 세워져서 아리스토텔레스처럼 아나키를 변종된 형태로 알지 못했다. 그리하여 《신학대전*Summa Theologiae*》에는 '아나키'라는 개념이 포함되지 않았다.[33] 마리실리우스 폰 파두아Marsilius von Padua의 경우도 비슷한데, 그도 또한 ─ 보편적 왕정에 대해서는 이미 의문을 표시했음에도 불구하고 ─ 아리스토텔레스의 지배 형태 이론 및 그 변형된 형태를 지지했다. 또한 루터Luther의 경우에도 '아나키'라는 용어를 사용한 것이 보이지 않는다.[34] 아울러 노만 콘Norman Cohn 이후 야메스 욜James Joll이 "영지주의적 이교도"라고 이름 붙인 13세기 초반의 남프랑스와 북이탈리아의 발드파Waldenser, 탁발수사, 순결파Katharer, 알비파Albingenser처럼 중세의 수많은 분파들도 단지 정신사적·사회사적으로 살펴볼 때 아나키 운동의 초기나 이전 형태로 보인다.[35] 중세

이교도의 역사에는 아나키나 아나키즘의 개념이 없다. 마찬가지로 예전에 형성되고 중세에 다시 생명을 얻게 된 전제군주 살해론(요하네스 폰 잘리스부리Johannes von Salisbury, 토마스 아퀴나스Thomas von Aquin 등)은 '아나키'나 '아나키즘'과 개념사적으로나 단어사적으로도 연관이 없다. [36]

3. 17세기의 사전 내용

18세기 '아나키' 개념의 전개와 그 후의 발전에 대해서 그리스에서의 유래와 무엇보다 16, 17세기 및 18세기 초기에 진행된 아리스토텔레스와의 논쟁은 중요하다. 이 단어의 그리스 어원은 이 시대의 거의 모든 사전에 제시되어 있다(알스테드Alsted, 미크라일리우스Micraelius, 퓌르티에르Furetiére, 네링Nehring). 도자Dauzat는 아리스토텔레스의 번역에서 표현이 라틴어화한 것을 언급하고 있다. [37] 프랑스에서 니콜 오레슴Nicole Oresme은 이미 1361년에 "anarchie"라는 말을[38] 사용했고, 영국에서는 1539년 "anarchie"란 단어가 처음 사용되었으며, 이어서 베이컨Bacon이 1605년 "anarchy"라는 말을 사용하였다. [39] 이에 반해서 독일에서는 18세기 초엽까지 라틴어 형태인 "anarchia"가 사용되었다. [40]

'아나키'가 등재된 당시의 모든 사전은 '아나키'를 간략하게 지배자 없음이나 지배 없음으로 정의하였다. [41] "아나르키아는 국가에 의회도 법원도, 법률도 없는 상태이다"(미크라일리우스Micraelius, 1661). "진정한 지도자가 없는 국가"(퓌르티에르Furetiére, 1690). 공동적인 단체여서 우두머리가 없다(네링Nehring, 1710).

4. 16세기 및 17세기의 국가 형태 이론

마키아벨리Machiavellis는 《로마사 논고Discorsi》에서 정치체제 이론의 틀 내에서 '아나키'를 최초로 명확하게 언급하였다. 아리스토텔레스를 따라 마키아벨리도 군주제, 귀족제, 민주제라는 세 가지 "좋은" 형태의 지배를 언급했다. "좋은 것들은 이 세 가지이고, 나쁜 것은 또 다른 세 가지인데, 이들은 앞의 세 가지에 좌우되며 각각 비슷해서 매우 쉽게 다른 것으로 바뀐다. 왜냐하면 군주제는 쉽게 전제정이 되며 귀족정은 과두제가, 민주정은 쉽게 아나키로 바뀌기 때문이다."[42] 이처럼 마키아벨리에게서 민주정이 아나키를 만든다는 표현이 명확하게 발견된다. 아울러 마키아벨리는 과거에 나온 지배 형태의 순환 모형을 다시 거론했다. 그에게 이러한 모형은 세대의 순환을 통해서 명확하게 연관되는 "법칙"의 성격을 가진다. "왜냐하면 모든 정부의 형태는 처음에 어떤 경외감을 가지게 되고, 민중의 지배가 한 시대 동안에는 유지되지만, 특히 이 형태를 도입한 세대가 사라지고 나면 오래 지속되지 않는다. 재빨리 부르주아와 관청을 두려워하지 않는 방종이 만연한다. 각자가 자기 방식으로 살며, 날마다 수많은 고통을 받게 된다. 그래서 사람들은 어쩔 수 없이 일부는 호의를 가진 한 사람을 통해서 자극을 받고, 일부는 이와 같은 아나키로부터 벗어나기 위해서 새로운 상태에서 군주제로 되돌아가는데, 여기에서 점차 앞에 언급한 방식과 진행되었던 원인에 의해서 다시 아나키로 되돌아간다."[43] 그 밖에도 보댕 Bodin은 아나키가 선거 군주제라는 특수한 결과를 초래한다고 보았다. "그러나 모든 선거 군주제에는 영속적 위험이 존재하는데, 그것은 '왕'의 사망 이후 국가가 '왕'도 군주도 정부도 없는 순수한 '아나키'가 되는 것이다."[44] 이 양쪽의 경우에 체제유형 이론에서 아나키의 시간적인 순서가 매우 분명하게 드러난다. 이전에 출판된《역사를 쉽게 파악하기 위한 방법 *Methodus ad facilem historiarum cognitionem*》(1572)에 이러한 경향이 더욱 뚜렷하게 나타난다. 보댕은 아리스토텔레스가 완성된 형태의 공화국 이전 단계로 지배가 없는 "국가 civitas"를 앞에 두는 것이 옳은지를 묻는다. 보댕은 이것을 거부하고, 법과 지배가 없어서 결국에는 주권자가 없는 이러한 상태를 "아나르키아 anarchia"라고 정의한다. 이러한 의미의 확산을 통해서 '아나키'는 새로운 의미의 차원으로 나아가게 된다. "여기에는 어떤 이도 복종하지 않고, 어떤 이도 명령하지 않는다 in qua nullus paret, nullus imperat"[45]에서 '아나키'는 모든 법적인 "통치권력 potestas imperii"의 반대 개념이 된다. "관리도 명령도 없는 다수의 사람들 hominum multitudo sine magistratibus et imperiis"이 살고 있는 곳에서 "국가 civitas"가 없다. "따라서 이렇게 모인 무리는 국가가 아니라 아나르키아다. 혹은 국가라는 이름 이외의 무엇으로 불러도 옳다. 왜냐하면 이런 방식으로 모인 사람들은 아폴리데스, 즉 국가가 없는 사람들이고, 마치 호메로스가 말하듯이, 심지어 아테미스토이기에, 즉 법을 가지지 못하는 자들이기 때문이다." 물론 (국가 이전에) 가족이나 동업자가 있더라도 여기에는 마찬가지로 공화국이 연관되지 않는다.[46] 이와 연관하여 보댕은 살인과 타살의 만연, 죄수의 탈옥과 특히 법이 수호되지 않는다는 점에서 비판적으로 아나키 상태를 그렸다.[47] 물론 이러한 측면은 새로운 단서를 암시한다. 로텍/벨커Rotteck/Welcker가 함께 작성한 "불법"적인 아나키의 이해는 르네상스와 종교개혁의 출발점에서 처음으로 나오기 시작하였다. 알투시우스Althusius는 《폴리티카Politica》(1614)의 〈아나르키아는 자연과 충돌한다Anarchia pugnat cum natura〉(c. 18)라는 장에서 아나키를 올바른 이성과 자연법에 대립하는 것으로 표현하였다. "사태가 이와 같기에, 나는 이렇게 결론짓는다. 즉, 아나르키아는 정상적인 이성과 자연의 권리와 상충한다. 따라서 처벌해야 마땅하다."[48]

전제정치에서 아나키로의 상승은 아리스토텔레스의 경우에 이미 생각되었지만, 바르톨로마에우스 케커만Bartholomäus Keckermann이 명확하게 표현하였다. "아나르키아는 전제정보다 못한 정체이다. 전제정에도 국가의 이미지와 흔적이, 혹은 법률이나 제도가 남아있기 때문이다. 이 제도 덕분에 국가의 형태는 유지된다. 비록, 이 법률들과 제도가 독재자에 의해서 폭행을 당할지라도 말이다. 그러나 아나르키아에서는 모든 이들이 지배한다. 어떤 법률도 어떤 제도도 없다. 국가의 체제를 묶어주는 제도가 없기 때문이다."⁴⁹ 케커만은 아리스토텔레스 해석에서 아나키를 (물론 증거는 제시하지 않고) 전제정치에 대비하여서 낮게 평가한다. "《정치학》에서 아리스토텔레스는 올바르게 지적했다. 아나르키아는 전제정보다 더 나쁜 것이라고 말이다. 아나르키아는 도적들의 회합에 유사한 것이기 때문이다. 이곳에는 왕도, 신하도 의무를 수행하지 않기 때문이다. 그럼에도 전제정에서는 신하들은 적어도 법률에 따라 살 수 있기 때문이다."⁵⁰ 그는 '아나키'를 아리스토텔레스를 따라서 지배자 및 지배 없음으로 정의한다. "아나르키아란, 지배자 혹은 머리가 없는 국가를 말한다. 어떤 정부도 없고, 누구든 각자의 판단에 따라 사는 곳을 말한다."⁵¹ 그는 지배자와 민중 내지는 신하의 측면에서 아나키를 구별한다. (지배자의 측면에서) 아나키anarchia, 과두제 polgarchia, 전제정치tyrannis, 그리고 (지배 받는 자의 측면에서) 민주정democratia, 중우정ὀχλοκρατία, 아나키άναρχία는 대립적으로 존재한다. 크세노폰Xenophon, 플라톤과 키케로Cicero를 좇아서 케커만은 다음과 같이 말한다. "오클로크라티아(중우정)는 곧장 아나르키아를 불러들인다. 따라서 어떤 국가에 못지 않게 악덕한 국가가 된다."⁵² 케커만의 아나키 개념에 대한 중요한 지적은 아나키의 경우에 모든 국가의 형태imago reipublicae가 없다는 것이다. 이와 함께 '아나키'는 보댕의 경우처럼 "정치학 체계Systema disciplinae politicae"의 틀 속에서 하나의 특별한 위치를 차지하고 있다.⁵³

민주정은 아나키를 만든다는 마키아벨리의 해석은 홉스Hobbes에게서 다시 부각된다. 하지만 마키아벨리와 대조적으로 그의 경우에 나중에 헬베티우스Helvétius와 홀바흐Holbach가 충분히 설명하였던 계몽주의의 이데올로기 비판에 속하는 사회비판적 변수들이 처음으로 등장한다. "역사와 정치학 책에는 전제정치와 과두제라는 정부의 다른 형태가 있을 것이다. 그러나 다른 정부 형태에 대한 명칭이 아니라 동일한 형태에 대하여 찬성하지 않는 방식에 대한 명칭이 있다. 군주제에 불만을 가진 자들은 군주제를 전제정이라 부르고, 귀족제에 만족하지 않는 사람들은 이를 과두제라고 부를 것이기 때문이다. 따라서 민주정에서 불행하다고 생각하는 사람들은 정부가 없다는 의미에서 이를 아나키라고 부를 것이다. 그리고 정부의 결핍이 어떤 새로운 종류의 정부라고 아무도 믿지 않으리라고 나는 생각한다."[54]

정치적 지배가 타락한 상태를 가르키는'아나키'는 단순한 전문용어terminus technicus로 수세기 동안 사용된 개념에서 풀려나기 시작하게 되는 구체적 계기를 이를 통해서 — 보댕의 경우처럼 — 얻게 되었다.[55]

5. 17세기 윤리학

라이프니츠Leibniz는 처음으로 아나키를 "무신론의 괴물monstrum atheismi"과 결부시켰다.[56] 다가오는 유럽의 위기와 과거로부터 이어오던 윤리적·종교적 가치의 동요가 '아나키'를 마치 '혁명'처럼 말하게끔 만들었다.[57] 이와 함께 아나키 개념은 윤리적·철학적 영역으로만 넘어간 것은 아니다. 이와 함께 이 개념은 ─안정화된 문명에 대립하여─ "존재해서는 안 될" 것이라는 일반적인 특징을 가지게 될 뿐만 아니라, 이러한 의미의 변화를 통해서 정치체제 이론의 순환 모형으로부터 '아나키'가 나오게 되는 최초의 시발점을 엿볼 수 있게 되었다. '아나키'는 다시 구체성을 띠기보다는 더 높은 추상적 단계로 올라가게 되었다.

영어권에서 밀턴Milton(1667)은 아나키 개념을 문학적 영역에서처럼 윤리적·종교적("영원한 아나키eternal anarchy") 영역에서 사용하였다. 또한 그는 나중의 보링브로크Bolingbroke나 고드윈Godwin처럼 "자유"를 추구하였다. 하지만 그에게 자유는 인간이 아니라 신과 더불어 시작되었다. 밀턴은 기독교 내부의 자유를 방해하는 주요한 걸림돌로 간주한 교회의 성직자 정치에 반대하여 투쟁했다. 이러한 태도는 그의 전제정치와 군주제에 대한 투쟁을 이해하게끔 해준다. 그에게 혁명이란 자유와 전제정치 사이의 종말론적 투쟁이다. 이러한 종교적 기대의 차원에서 죽음과 죄의 결과로 아나키가 자리잡게 만들었다.

> 왜냐하면 양쪽은 지옥의 문에서 황폐한 곳으로 가게 만들고
> 카오스의 크게 열린 아나키는 축축하고 어두운 세계로 인도하며
> 온갖 것이 나오게 된다.……[58]

단어사적으로 (19세기 초반에나 비로소 나오게 되는) "카오스의 아나키anarchy of chaos"라는 이제껏 사용되지 않았던 말의 반복을 통하여 아나키 상태의 설명이 강화되는 것은 우주론적/종교적 배경이라는 의미에서 이해 가능하다.

6. 18세기의 전개

프랑스혁명까지 18세기에, 특히 무엇보다도 1735년에서 1780년까지 '아나키' 개념은 다양하게 전개되었다. 인용의 증가와 새로운 맥락에 따른 개념의 결합에서 명확해진다.[59] 지금까지 존립했던 다양한 사고 형태가 남아있지만 서로 달라지며, 새로운 의미의 층을 통해서 축적되었다. 민주정이 아나키를 만든다는 표현 방식은 여기에서 사전에까지 확산되었다.

휘브너Hübner의 경우에 '아나키'는 "부패한 민주정"이라는 의미로 사용되었다.[60] 인격적인 지배자가 없음이라는 표현 방식은 다음과 같은 여운을 남기게 되었다. "아나키는…… '주인'도 '왕'도 '군주'도 없는 하나의 공화국 또는 도시의 고유한 상태를 의미한다."[61] 이 표현 방식은 부정적으로 지배자의 편에서 정의될 뿐만 아니라 피지배자의 측면에서 본 상태도 기술하는 달랑베르D'Alembert와 디드로Diderot의 《백과사전Encyclopédie》에서 확산되었다. '아나키'는 "한 국가 안에서 아무도 법을 존중하고 명령하기에 충분한 권위를 갖지 못하며, 따라서 결과적으로 인민이 어떤 복종 혹은 경찰도 없이 자신이 원하는 대로 행동하는 무질서의 상태이다."[62]

18세기에는 아나키 개념이 폭정과 새롭게 연결되었다. '폭정 Despotie'이 '폭정적despotic'및 '포악한despotical'과 함께 이미 홉스를 통해서 당시 정치적 논의에 도입되었으며,[63] 아나키 개념의 수용은 나중에야 이루어졌다. 이러한 연관에서 순환 모형의 새로운 변형이 제시되었다. 아나키는 폭정/압제정을 만들고, 폭정/압제정은 아나키를 생성한다. 이와 함께 아나키와 폭정은 서로 비교되고 평가되었다. — 어쨌든 실제적 기능과 연관하여, 특히 그 논란의 정점에는 폭정은 아나키보다 좋다/나쁘다, 혹은 양쪽이 동일하다가 있다. — 이러한 연관이 사라지게 된 19세기와 달리 '아나키'는 끊임없이 폭정/압제정과의 직접적 연관 속에 들어오게 되었다.[64] 이미 페넬롱Fénélon의 경우 "폭정/압제정despotisme(폭군적 압제정despotisme tyrannique)"과 아나키를 동일시하였다. 이들의 동일성은 그 부정적 절대성으로부터 나왔다. 이들 양자는 "자유"와 "질서"에 대립되었다. 아나키나 폭정은 법과 질서를 인정하지 않았다. "질서 없는 자유는 압제를 부르는 방종이며, 자유 없는 질서는 아나키로 몰락하는 노예 상태이다."[65] 이것은 달랑베르와 디드로에게도 유사하다. "우리는 모든 정부가 일반적으로 압제 혹은 아나키에 끌리는 경향이 있다고 확언할 수 있다."[66] 또한 벤담Bentham의 경우에도, 물론 윤리적인 면에 치중하였지만 아나키적인 것과 폭정이 서로 결합되었다. "전자의 경우에, 모든 인류에게 그 원리가 압제적이며 적대적이 아닌지 스스로 물어보도록 하라. 후자의 경우, 그것이 아나키적이 아닌지, 그리고 사람의 수만큼 옳고 그름에 대해서 이런 식으로 다른 많은 표준이 있지 않은지 스스로 물어보도록 하라."[67] 또한 모렐리 Morelly도 계몽화된 절대주의 국가에 대한 비판에서 아나키와 폭정을 동일시했다. 그는 "자연적인 아나키"를 "압제정적" 지배자와 함께 신랄하게 비판했다.[68] 물론 '아나키'라는 낱말을 이와 같이 바로 비판적으로 사용하는 것은 흔하지 않았다(아래를 참고). 레날Raynal은 권력의 분리에서 아나키적 원리를 보기는 하지만, 그렇다고 해서 아나키가 "압제보다 더 무서운 것은 전혀 아니다nulle fois plus funeste que le despotisme"라고 주장한다.[69] 그 이후 달랑베르의 경우 아나키를 옹호하는 입장으로 변화하는데, 그는 "형이상학적 평등 égalitémétaphysique"에서 아나키가 나오고 "도덕적 불평등 inégalitémorale"에서 압제정이 나온다고 하였다.[70] 볼테르는 역사적으로 돌이켜볼 때 유럽 전체의 아나키가 칼 대제(샤를마뉴)를 통해서 압제정으로 바뀌었으며, 이 압제정에서 자체적으로 다시 새로운 아나키가 생성되었다고 보았다. "여러분은 이탈리아, 프랑스, 독일에서 보았다. 샤를마뉴 통치 아래에서 아나키가 압제정으로 변하고, 압제정이 다시 그의 후손들의 통치 아래에서 아나키에 의해 파괴되는 것을."[71]

또한 여기에서 '아나키', '폭정' 등의 의미의 내용을 분화시킨 본래적인 정치체제 이론의 차별화도 지적되어야 한다. 몽테스키외 Montesquieu는 아리스토텔레스와 달리 자신의 정치 이론에서 세 가

아나키/아나키즘/
아나키스트

지 지배의 원형을 구별하였다. 압제적인 지배, 군주제, 공화국(헌법
적 지배). "압제적인 지배 형태는 테러, 부패, 아나키라는 특징을 가
진다."[72]

역사적으로 보아도 전제정치와 아나키는 공화국의 타락한 형태
이다. "그리스의 도시국가들을 타락시킨 것이 늘 압제자들만은 아
니었다는 것은 사실이다. 도시국가들은 군사술보다는 웅변술에 더
집착했다. 더욱이 모든 그리스인들의 마음속에는 공화정을 전복시
킨 자들에 대한 증오가 존재했는데, 이는 아나키가 — 전제정으로
변화할 것이기 때문이 아니라 — 모든 것을 무로 퇴보시킬 것이라
고 생각했기 때문이다."[73]

몽테스키외의 지배 형태 이론에 연계하여 비판적으로 해석하였
던 쥐스티Justi의 경우에 아리스토텔레스의 지배 형태 및 그 타락한
형태를 새로이 결합하여 압제정이라는 개념을 제시하였다. 그는
이를테면 "귀족정적 폭군"을 언급한다.[74] 그에게 전제정과 압제정
은 공화정적 양식의 한 형태, 말하자면 법적 지배 형식이었던 군주
정의 타락한 형태였다.[75] 폭정/압제정은 소위 "기형", "이전의 형
태", 정치제체 형태에 대한 고유한 이론에서 제외되어야 할, 이를테
면 부정적 지배 형태이다. "압제적 폭력은 공화국의 최종 목적(정부
형태들)이 여기에서 나오지 않기 때문에 정부 형태에 속하지 않는
다. 이것은 오히려 지배 양식 중에서 인류의 혐오감을 최고로 자아
내는 데 기여할 하나의 괴물이다. 여기에서 귀족계급이 필수적인
뒷받침은 될 수 없다."[76] 크뤼니츠Krünitz는 이것을 명확하게 표현하

였다. "압제정Despoterey이 특별한 정부 형태라고 하면 안 된다."[77]

빌레펠트Bielefeld의 경우 앞서 언급된 경향이 '아나키' 개념에도 두드러졌다. 그는 자신의 책 《정치제도Institutions politiques》(1760)에서 "정부의 합법적인 세 가지 형식trois formes régulières de Gouvernement"과 "세 가지 형식의 악한 정부Gouvernements vicieux dans les trois formes"를 구별한 후 "(양자가) 복합된 혹은 혼합된 정부Gouvernements Composés ou Mixtes"를 다루고 나서야, 비로소 다음과 같이 아나키를 정의한 문구를 제시한다. "우리는 '국가'가 어떤 '지도자'도 갖지 못하며 각자가 '법'을 무시하면서 자신만의 환상을 따라 살고 따라서 무질서와 혼란이 판치는 상태를 아나키라 부른다. 우리는 이로부터 이것이 정부가 저지를 수 있는 최악의 악덕이며, 이러한 상태가 국가의 파멸보다도 오히려 더 심각한 상태임을 즉시 이해하게 된다."[78] '폭정'내지 '압제정'과의 결합과 분리를 통하여 '아나키'의 연관 영역이 확장됨과 아울러 독자적인 지배 형태 이론으로부터의 최종적인 분리를 통하여서 이들 두 개념은 역사적/사회적 차원으로 보다 강력하게 들어오게 된다. 물론 18세기의 시대 비판이 끊임없이 향하였던 대상은 '전제정치',[79] '폭정', '압제정'[80]이라는 중심개념이지 '아나키'는 아니었다. 역사적으로 구체화되는 최초의 단서들이 있음에도 불구하고 ('폭정'과 유사하게) '아나키'의 의미적 내포는 아직까지는 비교적 좁았다. '폭정'과 '아나키'는 자유, 질서, 법과 대립되는 특징적 상태였다. 비록 개별적으로 차별화가 시도되더라도 여전히 이 두 개념은 있어서는 안 될 것에 대한 표현이었다. '아나키'와 '폭정'의 연관은 나중에서야 해소되었다(다음 장 참조).

7. 계몽주의의 시대 비판

일반적으로 '아나키'라는 부정적 의미의 사회학적 확산은 역사적 및 선역사적 초기 단계에서 아나키적 상태의 축적처럼 다른 여러 나라에서도 확인된다. 이미 네링과 달리 스페란더Sperander는 '아나키'를 "천한 하층민들이 정부를 운영하기 때문에 우두머리 없는 정부"라고 정의한다.[81] 제들러Zedler의 정의에서 귀족정에 대한 초기 부르주아 사회의 방어적 태도가 언급되었다. "정치학에서 이것은 저러한[아나키적(옮긴이 첨가)] 국가라고 불리는데, 왜냐하면 군주가 없으며 누구나 마음대로 살기 때문이다. 소요가 일어나고 천한 민중이 상류층의 목을 자르려 할 때 이와 같은 일들이 나타나는데, 이러한 질병은 결국 소란한 자들을 쫓아버리고 나라나 도시를 다시 평온하게 하는 군주가 나오기까지 없어질 수가 없다."[82]

중세의 보편 군주제나 보편 교황제와 구별하기 위해서 레날은 18세기 말엽에 다음과 같이 표현하였다. "교회와 제국은 [지금] '아나키'상태이다. l'église et l'empire sont dans l'Anarchie."[83] 볼테르는 무엇보다도 자신의 격렬한 사회 비판 및 시대 비판과 결부된 역사철학과 역사기술에서 '아나키'를 문화적인 타락 형태로 파악한다. "……이전적으로 기묘하고 전적으로 모순적인 풍속의 혼란, 이 야만 상태와 아나키의 시험에 직면하여 ......dans ce chaos de coutumes toutes bizarres, toutes contradictoires; dans l'examen de cette barbarie, de cette anarchie......"[84] '아나키'는 이제 더 이상 무법성, 무질서, 혼란일 뿐만이 아니라 기괴한 카오스라는 중세의 인식과 비교하여서 야만적이라는 것이 계몽주의의 시각이었다.

독일에서는 여러 사람 중에서 모제스 멘델스존Moses Mendelssohn과 루드비히 베커르린Ludwig Wekhrlin은 여전히 '아나키' 개념을 문화 비판 및 사회 비판적으로 사용하였다. 멘델스존은 자신의 실제적이고 확실한 계몽주의에서 '아나키'를 "이기주의"나 "무종교"처럼 부정적 내용의 윤리적 범주로 사용하였다. "계몽주의의 오용은 도덕감을 약화시켜서 고집, 이기주의, 무종교, 아나키로 이끈다. 문화의 오용은 사치, 거만, 연약성, 미신, 노예 근성을 낳는다."[85] 베커르린은 이러한 연관 영역을 '성직자의 억압Pfaffendruck'이란 낱말에까지 확장하였다. "아나키, 게으름, 무지, 성직자의 억압, 소요가 지배하는 국가는 흔히 다른 국가로부터 개혁된다. 이것이 이들 양자에게 유익한 것으로 보인다."[86]

8. '봉건적 아나키'

자체적으로 발전한 아나키 개념 및 고전적 체제이론에서 부정적으로 추가된 개념의 이탈을 보여주는 확실한 표현은 '봉건적 아나키 Feudalanarchie'라는 개념으로 제시되었다. 이 개념은 볼테르가 만든 것으로 보이는데, 그는 무엇보다 그의 《민족 정신과 풍속에 관한 시론*Essai sur les moeurs et l'esprit des nations*》에서 중세의 제도와 관행 — 그리고 이와 함께 그 시대를 — 을 비판했다. 이러한 연관에서 그는 독일에서 프리드리히 2세Friedrichs II의 사망 이래 존립하는 내적 아나키 상태인 "유럽의 일반적 아나키 상태anarchie générale de l'Europe"뿐만 아니라 중세의 "봉건적 아나키anarchie féodale"에 대해서 언급하였다. "여러분은 봉건적 아나키의 초기 상태에서, 거의 모든 마을이 시민들보다는 농노들로 가득 찼던 사실을 이미 알고 있다."[87] 또한 마블리Mably도 "봉건 정부의 끔찍한 아나키monstrueuse anarchie du gouvernement féodale"에 대해서 언급하였다.[88] 물론 프랑스 계몽주의 작가들이 역사적 시각에서 비판과 변화의 의도를 이와 같이 표현했다는 것은 분명하다.[89]

독일 언어권에서 '봉건적 아나키'라는 개념은 17, 18, 19세기 사전에는 등재되지 않았다.[90] 또한 요한 야콥Johann jacob, 프리드리히 칼 모저Friedrich Carl Moser는 이작 이젤린Isaak Iselin처럼 봉건제를 구체적으로 비판하지만,[91] 이 비판이 '봉건적 아나키'라는 개념으로 연결되지는 않는다. 포스C. D. Voss는 실제로 1797년 "중세에서 폭력적 상태의 아나키"에 대해서 언급한다.[92] 하지만 '봉건적 아나키'라는 개념은 우리가 아는 한 《투키디데스*Thukydides*》(1794)의 3권에 대한 가르베Garve의 번역과 설명에서 처음으로 나타났는데, 여기에서 그는 다음과 같이 언급한다. "중세 시대에 봉건-아나키가 국가를 많은 작은 지배자로 갈랐을 때, 이들은 자기가 속한 보다 큰 나라의 도움을 기다리지 않고 서로 전쟁을 하고 괴롭히며, 자신의 안전을 자신의 독자적 힘과 그 연맹을 통해서 이룩해야 했다……."[93]

특히 볼테르, 이젤린, 가르베는 1758년에 쥐스티가 "도대체 봉건제도가 오늘날의 우리 상태와 일치하며, 따라서 앞으로도 계속 유지해야 하는 것인지" 조심스레 물었던 것을 언급했다.[94] 18세기 중엽 이래로 급속하게 확장되는 봉건 영주와 부르주아, 두 계급의 의식뿐만 아니라 이와 함께 밀접하게 연관된 예속에 대한 비판(모저Moser, 슐레처Schlözer, 베크르린Wekhrlin)[95]과 중세적 봉건체제 및 중세의 "노예적 영토법 및 국가법"[96] 전반에 걸친 비판은 '봉건적 아나키'라는 개념과 함께 보여진다. 이젤린은 이미 1770년 '아나키'를 — 중세에서처럼 — 입법부·행정부·사법부가 충분히 서로 분리되지 않은 모든 국가가 종속되어야 했던 "노예제"와 결부시켰다.[97] 프랑스에서는 오토 브루너Otto Brunner가 생시몽St. Simons과 티에리Thierry의 해석에서 기술하였듯이 귀족계급이 부르주아의 구조 변형에 대한 "부정"의 책임을 지게 되었다. 12세기에서 18세기까지 왕권과 시민권 사이의 결합은 구제도Ancien régime에서 귀족계급의 시민계급과의 갈등으로 파괴되었다. 여기에는 — "역사의 중요성" (후펠란트Hufeland, 1788)에 대한 인식과 함께 — 백과사전파와 계몽철학자의 역사기술과 사회비판적 요소가 의심할 바 없이 표현되었다. 그 밖에도 — 이런 이유로 볼테르만 전형적인 것이 아닌 — 몽테스키외가 제시한 근본 명제인 "봉건 법률의 근원les sources des lois féodales"[99]에 따라서 연구하고, 자기 시대의 일반적 이념으로만 역사적 과거를 재단하지 않고자 사람들은 노력하였다.[100] 독일에서는 후펠란트Hufeland가 "지금까지 전혀 없던 중세의 사실을 모아서" 중세의 역사를 해석하자고 요구하였다.[101] 조심스럽기는 하지만 후펠란트는 (이 경우 칸트Kant로부터 나온) 계몽주의로부터 "공화국"과 비교하여 중세에 대해서 행해진 평가절하를 이미 의심하였다. "그런데 중세가 이와 같은 아나키인가? 후자가 이와 같은 원리와 합치될 수 있는가? 이러한 가정이 의심할 바 없이 확실히 터무니없는지, 혹은 아나키가 대부분의 인류에게 로마시대 국가에서 시민들이 평온하기는 하지만 행복을 누리지 못하던 그러한 틀에 박힌 질서보다 그리 위험하지 않았던 것이 아닌지, 그리고 이와 같은 외관상의, 혹은 참된 아나키가 보다 나은 정부 형태를 가능하게 하였던 유일한 길이 아니었는지에 대한 탐구보다 더 중요한 것이 이 이론의 경우에 무엇인가?"[102] 여기에서 특히 아델룽Adelung과 샤이데만텔Scheidemantel의 경우 과거 형태의 아나키에 대한 긍정적 평가로 나아가는 — 이제 중세로 다시 연관된 — 아나키에 대한 이와 같은 역사적 이해가 보인다.

프랑스에서 "봉건적 아나키anarchie féodale"로, 그리고 독일에서 '봉건적 아나키' 내지는 '중세의 아나키'로 개념이 구체화되면서, 두 가지 의미 영역이 나오게 되었다. 하나는 '아나키'가 역사철학적 시각에서 개념화되었고, 이를 통해서 과거를 매개로 현재의 비판이 이루어진다. 다른 하나는 역사적인 이해 개념에 관한 최초의 단서들을 알 수 있게 되었다는 점이다. 이로써 아나키 개념은 그 적용범위가 보다 더 유연하며 기능적일 수 있게 되었다.

9. 긍정적 의미 내용의 최초의 발산

결국 18세기 후반에 '아나키'는 무엇보다도 계몽철학자들과 저술가들에 의해서 긍정적 의미를 가지게 되었다. 보쉬에Bossuet가 아나키를 아직 일반적으로 "무수한 붕괴의 공포스러운 원천"[103]이라고 표현한 반면에, 모제스 멘델스존은 아나키가 단지 압제정을 통해서만 조종될 수 있다는 점을 두려워했다. 그럼에도 불구하고 그는 아나키를 긍정적으로 평가하면서 강조하였다. "어떤 공화국에서든지 모순의 정신은 필연적 결과일 뿐만 아니라, 또한 흔히 자유와 일반적 복지의 유익한 바탕이 된다."[104] 1778년 《독일백과사전Deutsche Enzyklopädie》의 샤이데만텔 및 아델룽은 아나키를 사회의 형태로 최초로 부각시켰다. 클뤼겔Klügel과 쥐스티처럼 영국의 공리주의자와 유사하게 이들은 사실 항상 사회적 행복이라는 이상을 추구하였다.[105] 하지만 '아나키'는 이제 — 보댕과 유사하게[106] — "평등하고 불평등한 사회가 서로 구별되듯이 국가에 대립적인 사태이다."[107] 국가 이전의 사회와 국가 사회는 아나키와 국가처럼 대립적으로 존재하였다. 보댕의 경우에서처럼 많은 가족이 우선은 하나의 '아나키'

로 불리는 사회를 형성하였다. "아나키는 서로 상대에 대해서 방어하는 공동체적 우두머리를 가지지 않는 많은 가족이 세운 사회의 이름이다."[108] 아델룽은 아나키가 "공동체적 우두머리를 가지지 않은 부르주아 사회의 상태이며, 좁은 의미에서 국가에 대립하는 이와 같은 부르주아 사회 자체"[109]라고 그가 정의한 것보다 더 강력하게 국가와 사회에 대립하는 것이라고 표현했다. 비록 아델룽이 아나키를 여전히 하나의 상태라고 표현했지만, 역사적 시간에 점차 나타나는 이 개념의 활동적 성격은 간과될 수 없었다. 사회사적으로 이것은 그리스도적 형제애의 사고가 세속화되고, 이것이 연맹·분파·동지적 결사의 형태로 옮겨가는 것으로 해석된다. 이에 상응하여 '아나키'가 공동체와 사회의 긍정적 원형으로 보여졌다. "이러한 아나키는 노아의 대홍수 직후에 흔히 있었으며, 여기에서 점차 공화국과 국가가 성장하였다."[110] 특히 성경의 예를 들어서 쥐스티는 아나키의 긍정적 상태를 부각하였다. "세월이 흘러 사람들이 재산을 도입하고 사회를 만든 이후에, 많은 나라에서 자신에 대한 이러한 독자적 지배가 남아있었으며, 가장이 아이들과 가족에게 법과 명령 이전에 적절한 것 이외에 그 누구도 다른 사람에게 명령을 하는 지위에 있지 않았다. 이와 같은 아나키가 세상에서 오랜 세월 지속되었다는 것을 옛날의 저작자들의 저술에서 볼 수 있으며, 심지어 성경에도 이스라엘인들이 여러 번 이와 같은 아나키 상태에서 살았다는 증거를 보여준다."[111] 샤이데만텔은 이와 마찬가지로 역사적 차원을 보았다. "가족의 우두머리들은 공동체적으로 강제적 통치의 필연성을 간파하고, 자신의 의지나 강요에 의해서 아나키를 점차 공화국이나 심지어 군주제로 바꾸었을 것"이기 때문에, 역사는 국가체제로 가는 단계를 제시한다는 것이다. 하지만 사람들이 서로 모여 있던 역사 이전의 원시시대에 아나키가 최초의 형태인 것만은 아니며, 예전의 "독일인들도" "평화시에 아나키적인 연맹을 서로" 가졌다.[112] 정치체제의 개념으로 '아나키'와 가족, 공동체, 사회에 연관된 사회적 범주로서 '아나키'사이의 결합을 브로크하우스Brockhaus의 1814년의 《초기 백과사전Conversations-Lexikon》이 담고 있다. '아나키'는 "공동체적인 통치 형태를 가지지 않는 — 그리고 이와 함께 권세, 계층, 폭력이 없는 — 하나의 민족 단체Volksverein"로 정의되었다.[113] 이러한 정의의 설명에서 비로소 '아나키'가 "무질서와 해체"의 상태로 특징지워졌다.

10. 로텍Rotteck/벨커Welcker

18세기에 프랑스혁명을 통해서 아나키 개념에 크게 영향을 끼치는 새로운 현실이 만들어지면서 아나키 개념의 해석은 정치적으로 다양해졌다.

　로텍Rotteck과 벨커Welcker는 아나키 개념을 현실에 밀접한 일상적 쟁점에서부터 분리하면서 역사적으로 끊어진 고리를 이어보고자 시도했다. 이들은 이와 함께 또한 프랑스혁명을 통해서 붕괴된

18세기와의 연결을 다시금 수립하였다. 바로 로텍의 1819년과 1834년의 "아나키" 항목은 18세기에 대한 직·간접적인 수많은 관련을 보여준다.[114] 동시에 18세기에 대한 로텍의 견해를 통해서 우리가 알 수 있는 19세기의 시각은 어떻게 '아나키' 개념의 역사가 계속 진행되며, 어떤 의미가 수용되고, 발전되었으며, 무엇이 새로이 첨가되었는지에 대한 최초의 단서를 제공한다.

로텍은 아나키 – 폭정 – 모형을 수용하고, 합리주의적·자유주의적으로, 어떤 의미에서는 19세기 초반에 전형적인 진행 방향에서 판단했다. 아나키는 "폭정보다 덜 끔찍하고, 덜 절망적이며…… 또한 아나키는 당연히 지속적이지 않으며……. 왜냐하면 아나키는 각각의 많은 세력의 제어되지 않은 투쟁에서 존립하며…… 아나키는…… 지속적 악으로 쉽게 변하지 않으며, 흔히 자체에서 나오는 동력과 저항을 통해 바로 치유된다."[115]

로텍과 벨커는 분명하고도 거의 분노에 찬 목소리로 아나키에 대한 이러한 일반적 규정에 중세가 예외라고 강조했다. 여기서 '봉건적 아나키'라는 개념이 사용되기 시작했다.

"물론 예외도 있다……, 그리고 가장 한탄스러우면서도 가장 눈에 뜨이는 것은 중세 전체에 걸쳐서 흔히 사용되고 남아있던 봉건적 아나키와 폭력적 아나키이다."[116] 이에 따라서 "중세의 아나키"라는[117] 특수한 개념이 사용되었고, 중세 봉건제에 대한 비판이 격렬하게 이루어졌다. "누가 수백만의 자유로운 지주를 농노와 소유물로 전락시켰는가, 바로 폭력적 아나키와 봉건제의 폭정이 아니고 그 누구이겠는가?"[118] 로텍은 그 외에 봉건주의 내지는 이와 밀접하게 연결된 사유령 제도를 결코 거부하지 않았다. 그는 사실 노예제, "조국의 압제와 아나키적 분열"을 사유령과 봉건 지배의 부정적 특징으로 공개적으로 비판하였지만 또한 다음과 같은 사실을 강조하였다. "사유령 제도는 예전에 원래 귀족계급 없이 존재했으며, 지금은 가장 부유하게 된 봉건 귀족을 국가 부르주아로 변신하게 만든 이 제도는 자유로운 민주정적 기초하에서 일반적으로 조국, 애국적 통일과 평등한 국가 부르주아적 가치와 자유라는 이념으로 형성되었다. 봉건제 및 이와 연관된 기사제의 특별한 귀족정적 보호와 충성의 결합이 특히 가장 인격적인 충성, 명예, 섬세한 예절로 변하였다.[119] 로텍/벨커는 '아나키' 개념을 중세에 적용하는 독일에서 18세기에 약간 산발적으로 나왔던 경향을 요약하였다.[120] 본질적인 것은 이런 '아나키'가 그 일반적 정의로부터 나오게 되었다는 점이다. 이는 중세의 '봉건적 아나키' 내지 '아나키'에 포함된 내용이 역사적으로 나중에 해석된 '아나키' 개념에서 보이지 않을 정도로 매우 특별하다는 것을 암시한다.

18세기 아나키에 대한 이해와 노골적으로 대립하던 로텍Rotteck은 어떻게 아나키가 사회와의 관계, 아울러 국가와의 관계 속에서 규정되어야 하는지, 라는 문제에 집중하였다. 그는 분명히 국가 바깥이나 국가 중간의 상태로서 아나키를 부정하고, 또한 17세기와 18세기에 매우 중요하였던 지배 형태의 연속성과 그 관계에 대한 논의를 도외시하였다. "그 의미를 지나치게 넓히지 않고, 이를 통해서 개념적 혼란을 불러일으키지 않고자 한다면, 아나키는 단순히 법과 자연에 따라서 사회적이라고 생각되어진 상태의 붕괴나 병이다.”[121] 그는 아나키 개념을 사회나 작은 공동체(연맹, 분파, 부르주아 사회, 단체)에 긍정적으로 적용하는 것과 마찬가지로, 18세기 일부 작가들이 시작하였고, 프랑스혁명과의 연관을 통해서 정점을 가지게 되었던 것과 같은 “질서”라는 관점에서 아나키를 부정적으로 배제하거나 죄악시하는 것에도 반대였다. 비사회적, 혹은 비국가적 상태로서 아나키에 대한 부정은 로텍의 정치이론에서 입증될 뿐만 아니라 적대적인 정치적 어휘의 제거를 위한 노력에서도 존재한다. 비국가적 상태로 아나키의 의미 내용을 확립함으로써 이데올로기화하는 방향으로 많은 진보가 이루어지고, 이와 함께 1815년의 기존 질서를 위해서 수반되는 ‘아나키’ 개념이 문제화되었다. 만일 아나키가 “질병”(가장 중요한 로텍의 정의)으로 규정되면, 아나키의 치유, 지양의 가능성이 함께 생각되며, 아울러 사회 바깥의(비국가적) 상태로 아나키의 정의는 기존의 “질서”와 혁명적 “무질서” 사이의 간격을 크게 만든다. 로텍에게 ‘아나키’는 암암리에 당시 국가의 전횡적 질서의 반대 개념이 아니라 법치국가에 대한 반대 개념이다. 누가 법치국가를 방해한다면, 결국 지배를 위한 분파적 싸움과 아울러 아나키가 촉진된다. 로텍의 이해는 또 다른 시각을 가능하게 만들었다. 주군의 부재나 지도자의 부재(지배가 없음)라는 고전적인 표현이 세분화되었다. “아나키는 제어되고, 법적으로 나타나거나 최소한 일부 시민들에게 지속적으로 수여되는 폭력으로 존속하거나 영향력이 있는 시민 권력이라는 것이 없는 부르주아 사회의 상태이다."[122] 로텍은 적극적이지 않지만 자연적 폭력이 존재하는 사회, 그리고 자연적 폭력이 아직 실제로 출현하지 않았지만 잠재되어 있는 사회로 아나키의 여러 가능성을 구별하였다. "따라서 아나키 개념을 적극적으로 사용되는 폭력의 결여나 효과 없음으로 제한할 필요는 없다. 물론 역사적으로 보아서 순수하게 자연스러운 사회적 폭력의 출현이 매우 드물기는 하지만, 실제적 국가 연맹이나 부르주아 단체가 출현하는 곳에서는 어디서나 거의 이미 적극적으로 — 형식적 법률을 통해서 존재하든지, 단순한 관습이나 습관을 통하여 존재하든지 — 형태화된 폭력이 나타난다. 그 밖에도 우리는 아나키라는 개념에서 자연적으로 (말하자면, 친척관계나 이웃과 같은 관계) 연결되거나 결합되도록 강요를 받는 민족이 아직 공동적인, 말하자면 자연적이거나 긍정적인 권위를 인정하지 않는 상태를 아마도 받아들여야 할 것이다."[123] 아나키의 이러한 형태는 "공동체의 좋은 질서를 선행하는 것으로"[124] 규정되고, 1819년의 항목에서 로텍은 분명히 다음과 같이 표현하였다. "……이것은 결코 무법적 상태는 아니다.[125] 여기에 대비되어서 나중에 등장한 타락이나 병, 이어지는 상태로서 '아나키'가 존재한다."[126] 로텍은 (하지만 불필요한) 대부분의 경우에 "불법적인 아나키"를 크게 주목했다.[127] "실용적 관점에서 우리에게…… 의문은 다음과 같다. 무엇이 아나키의 대체적인 원인이며, 무엇이 이를 제거하는 데 높은 성과를 보장하는 수단인가?"[128]

또한 지나간 아나키와 미래의 아나키에 대한 로텍의 규정으로부터 마찬가지로 18세기의 역사철학적이고 역사적인 이해의 연장선을 찾아볼 수 있다. 이와는 대조적으로 그는 사람들이 각자의 입장에 따라서 아나키란 용어를 이용한다는 의미에서 아나키의 특징을 정의하기도 하는데, 이 특징은 '아나키'가 반대자에 대한 당파적 개념이라는 것이다. 로텍은 정치적인 일상의 투쟁에서 아나키 개념의 조작된 이용에 대해서 크게 경고하였다. "최근에 아나키와 혼동하여 국가의 개선을 추구하는 정신의 진통에 대하여 너무 지나친 두려움이 동기이거나, 혹은 처리 방식들을 변명하는 근거로 소위 아나키가 침투할 위험이 있다라고 말하는데, 보다 고상한 민족들에게 합법성과 질서를 어지럽히지 않으려는 마음이 충분하지 않다면, 이러한 것들이 바로 아나키가 몰고오게 될 어떤 불행을 초래할 수 있었을 것이다."[129] 무엇이 1800년대 변혁의 시대를 초래하고, 로텍과 벨커가 이미 민감한 태도를 보였던 개별적인 의미의 변화인가?

III

이미 프랑스혁명 이전 여러 가지 사건에서 시작된 아나키의 개념의 역사화 과정은 1790년

대에 절정으로 치달았다. 역사화는 이제 정치-이데올로기적으로 역동화되었다. 이와 관

련해 프랑스혁명과 이 혁명에 대한 프랑스와 독일의 반응은 먼저 언급되어야 한다.

CHAPTER III

Chapter

Ⅲ

1. 1789~1830년의 역사화·이데올로기화·정치화

●●● 　　　　이미 프랑스혁명 이전 여러 가지 사건에서 시작
된 아나키 개념의 역사화 과정은 1790년대에 절정으로 치달았 다.
역사화는 이제 정치−이데올로기적으로 역동화되었다. 이와 관련
해 프랑스혁명과 이 혁명에 대한 프랑스와 독일의 반응은 먼저 언
급되어야 한다. 물론 중요한 것은 밀턴Milton으로부터 로크Locke,
볼링브로크Bolingbroke, 버크Burke, 페인Paine을 지나서 고드윈
Godwin에 이르기까지 영국의 전통이기도 하다. 프랑스와 영국 양
쪽의 전통적 흐름은 세기의 변환기와 이에 더하여 특히 19세기 독
일에서의 아나키의 이해에 영향을 미쳤다. 아나키가 — 비록 이 개
념이 계속 같은 의미를 가지고 있기는 하지만 —"과도기", "특정한
상태"라는 생각은 점차 줄어들었다. 아리스토텔레스로부터 도출된

정치체제 개념과 몽테스키외적 정치체제 개념은 붕괴되었다. '아나키'는 이제 "자연적 사회"에서 자유의 행복한 장소로도 받아들여졌으며, 이에 더하여 당파적 개념, 이데올로기적–정치적 무기, 투쟁의 개념으로 되었다. 그리하여 '아나키'는 프리드리히 슐레겔Friedrich Schlegel, 빌란트Wieland, 괴레스Görres, 아른트Arndt에서 프루동Proudhon, 청년 바쿠닌Bakunin, 모제스 헤스Moses Hess에 이르기까지 정상적 상태, 최종 목적, 혹은 역사적 운동의 행복한 초기를 의미했다.

역사철학적 시각에서 아나키의 직접적 정치화와 함께 먼저 프랑스에서, 이어서 독일에서 '아나키스트'에 대한 새로운 시각이 나타났다. 정치적 일상의 투쟁에서 여러 정치적 · 사회적 집단들이 서로 상대방을 "아나키스트"로 불렀다. 그리하여 1800년 이후에 아나키스트란 1790년대의 일상적 투쟁이 바래고 난 뒤에 보수주의자와 자유주의적 보수주의자, 물론 나중의 공산주의자에 의해서 점차적으로 부르주아적 사회에서 지위와 세력으로 성장하지 않은 국외자, 사회적 가장자리의 집단으로 불렸다. 아울러 '아나키스트' 개념은 사회적으로 국외자 집단의 자기인식이라는 기능을 맡게 되었다.

새롭게 프랑스혁명의 투쟁에서 형성된 것은 또한 "아나키화化 하다, 아나키로 만들다anarchiser"라는 표현이었다. 미라보Mirabeau는 이 낱말을 1790년에 비로소 사용하였으며, 프랑스가 위험한 경우에 프랑스 편에 서도록 국외 이민자들에게 요구하는 법률이 헌법에 어굿난다고 국민회의에서 설득하면서 사실상 경고의 의미로 사용하였다. "다시 한 번 여러분께 말씀드리거니와, 국외 이민자들에 대한 법률은 여러분 권한 바깥의 일입니다. 그리고 실행 불가능한 법을 제정하는 것은 여러분들의 양식에도 어긋나는 일이며, 심지어 제국의 모든 부분들을 아나키 상태로 만드는 일입니다. 비록 부시리스 Busiris*의 손에 집중된 가장 폭압적인 권력에 의해서도 그런 법은 — 실행 불가능한 것이기 때문에 — 결코 실행된 적이 없다는 것은 이제까지의 역사적 경험에 의해서도 증명된 일입니다."[130]

19세기 초반에 사회적 차별화와 아나키 개념의 역동화라는 특징 속에서 의미의 확산은 의미의 분극화와 변화적 특성을 가지게 된다. 전통적으로 내려오던 사상적 특징과 표현 방식이 바뀌었다. 아나키와 폭정/압제정의 관계 및 아나키와 전제정의 관계는 한쪽에서 보면, 사실 포함되어 있지만, 혁명의 경험에 의해서 다른 식으로 일련의 새로운 계기들을 보여준다. 민주정은 아나키를 낳는다는 표현은 새로운 뉘앙스를 풍기게 되었다. 아나키는 무엇보다도 "무질서désordre", "혁명révolution", "봉기insurrection"라는 맥락에서 존재한다.[131]

새로운 조합과 유연한 결합은 혁명과의 직접적 연관과 혁명이 이어진 수십 년 동안에 풍부하게 나타난다.[132] 물론 보수주의자 진영에서 '아나키'는 이미 1790년대 초반에 급속하게 여러 가지 강력한

---

*[옮긴이] 부시리스 : 고대 이집트의 폭군.

구체성과 공격 방향을 가지고 방어 개념이 되었다. '아나키'에 대한 보주수의적인 대립 개념은 "질서ordre"였으며, 때때로는 '법과 질서'였다. 그 막연한 내용에도 불구하고 "무질서désordre"처럼 "질서 ordre"는 윤리적인 요소가 정치적 요소와 결부되었기에 극도의 표현력을 가지게 되었다.

결국 '아나키'는 정치체제, 국가, 지배의 너머에 존재하는 철학, 과학, 종교, 예술, 문학, 경제학 등 수많은 개념적 영역으로 옮겨가게 되었다.

2. 필연적인 중간 상태와 긍정적 최종 목적

혁명이 시작된 이후 프랑스에서는 일찍부터 이미 혁명 이후 전개될 진행을 방해하고자 하는 목소리가 커졌다. 그 선구자 중의 한 사람인 보블랑Vaublanc은 1792년 전반 아나키에 대해서 경고했다.[133] "나는 오직 아나키만을 두려워한다.…… 나는 반혁명이나 전쟁을 두려워하지는 않는다. 만일 프랑스인들이 승리하지 않았다면 프랑스인들은 지구상에서 가장 경멸할 만한 민족임에 틀림없다. 내가 두려워하는 것은 국가의 소멸이며, 이미 그 가공할 모습을 드러낸 아나키, 바로 이것이다. 프랑스의 안위는 여러분의 손에 있다. 그대들이 법제화된 권력을 존중하면서 알고자 한다면, 그대들이 헌법의 모든 손상을 처벌하는 것 이상으로 극도로 준열하게 꾸짖고, 장관들이 헌법에 벗어나면 처벌하듯이 마찬가지로 헌법이 효력을 가지도록 확실하게 장관들을 보호한다는 것을 그대들은 선언하여야 한다."[134] 이러한 표현과 반대로 이미 1792년에 아나키가 옹호되었다. 그리하여 들로네Joseph Delaunay는 1792년 10월 2일 국민의회에서 다음과 같이 주장하였다. "우리의 적을 완전히 몰락시키기 위해서 의심할 바 없이 아나키의 순간은 필요하다."[135] 아나키의 시간적 필요와 이데올로기화의 특징 속에서 '아나키'의 긍정적 의미가 늘어나게 되었다. 국민의회의 의원이자 의사인 르네 르바쇠르René Levasseur는 몽탕Montagne에서 행한,[136] 튀일리 습격(1792년 8월 10일) 후에 최후의 구조 수단은 아나키 상태를 가져오는 것과 같은 도움을 받는 것이라고 자신의 회고에서 밝혔다. 아나키는 "행동하는 힘"이 되었고, "필연적인 아나키anarchie nécessaire", "무기"가 되었다. "아나키만이 싸움을 이기며, 우리 땅에서 적들을 잡으며, 공화국을 위한 길을 만들어준다."[137]

동시대의 적들로부터 "아나키스트"로 비난을 받았던 이와 같은 혁명가들은 이제(1795년) '아나키'와 '아나키스트'라는 과녁을 혁명을 경험한 국가로 돌렸다. "이러한 아나키적인 상태의 모습이 호민관 그라쿠스*를 크게 분노하게 만들었다."[138] 정치적 반대자에 대한 '아나키' 개념의 적용은 또한 단지 보수주의자에게만 있는 것이 아니다. 물론 "좌파"에 대한 개념의 적용에 직접 동반하여 정치적 공

---

*[옮긴이] 그라쿠스 : 최초의 공산주의자로 평가받는 바뵈프Babeuf의 별칭.

간에서 이 개념의 적용에 대한 반성이 바로 생겨나게 되었다. 부오나로티Buonarroti는 나중에 이렇게 적었다. "당파성 없이 우리에게 이익이 되는 것이 무엇인지 알고자 하는 바람이 아나키, 반역으로 불리는 것을 나는 알며, 권력의 소유자가 어떤 희생을 치르고라도 유지하고자 하는 이들 표현은 1789년 전후의 궁전, 라파예트Lafayette, 뒤무리에Dumouriez, 베니스의 상원의원, 교황, 허풍쟁이가 좋아하는 것이다.[139] 정치적 일상의 투쟁에서 아나키의 긍정적인 평가와 이 개념의 사용은 서로 밀접하게 관련이 있다. '좌파'의 측면에서 '아나키'는 역사를 앞으로 나아가게 하고 고정된 것을 파괴하는 운동 개념이자 투쟁 개념이다. 사람들은 상대편의 무기를 넘겨받아 보다 효과 있게 사용하고자 희망하였다.

이러한 사고의 형태는 1830년과 1848년까지 자체적으로 계속 반복되는 형태이며, 실제로 20세기의 바로 최근까지 나타났다.

독일에서 빌란트Wieland는 르바쇠르Levasseur와 들로네Delaunay가 생각한 "중간 상태"를 다음과 같이 처음으로 해석하였다. "(새로운 정치체제의 적대자들이 요령있게 오용하여 정치적 일상의 투쟁에서 과도기의 중요한 상태에 새로운 생명을 불어넣은 그 이름인) 아나키, 내가 보건대 이 아나키가 그 모든 혐오감과 함께 실제로 등장하게……된다는 것은 매우 걱정할 일이다."[140] 포르스터Forster 및 괴레스Görres와 구별되는 조심스러운 관찰자로서 빌란트는 아나키에 대한 자신의 갈등을 감출 수 없었다.[141] 프랑스혁명의 영향하에서 독일에서는 무엇보다도 젊은 피히테Fichte가 "국가 없는" 상태의 자유에 대한 모습을 — 물론 '아나키'개념을 사용하지 않고 — 끊임없이 환기시켰다. "말하자면 단순히 우리 자신이 우리에게 부과하는 것이 우리에게 구속력이 있는 적극적인 법이 된다는 것만을 통해서……. 그러나 무엇보다도 그 구성원 없이 어떻게 국가가 가능할까?"[142]

요한 게오르크 포르스터Johann Georg Forster와 청년 괴레스Görres가 독일에서 '아나키'에 관한 긍정적 의미의 수용에 가장 중요한 역할을 하였다. 포르스터는 이미 1790년 아나키를 압제정으로부터 긍정적으로 부각시켰다. "압제정의 앞잡이가 아무리 악의적으로 묘사하더라도 비난받는 노예 착취자들의 부끄러운 행동에 비한다면 아나키로 인한 결과는 애들 장난에 불과하다."[143] 괴레스는 1797년 "자유의 친구" 클럽의 회원들과 함께, 그리고 포르스터 주변의 마인츠 클럽의 회원들과 독자적인 시스레나니쉐cisrhenanisch 공화국에 참여했으며, 특히 《다스 로테 블라트Das Rothe Blatt》라는 잡지에서 "압제정"과 "귀족정"에 대한 출판 투쟁을 하였다. 이후에 그는 특히 파리 여행을 통하여 크게 실망하고 이전의 사상으로부터 전회하였다. 1796년에서 1799년까지 그는 먼저(1784~1787) 루드비히 베크르린Ludwig Wekhrlin과, 나중에는 게오르크 프리드리히 레브만이 편집한 잡지 《다스 그라우에 운게호이어Das graue Ungeheuer》의 영향을 받았다. 1797년 아나키 문제에 가장 중요한 자신의 글 〈일반적 평화, 하나의 이상Der allgemeine Frieden, ein Ideal〉은 칸트와 피히테의 영향 외에도 헤르더Herder와 콩도르세Condorcet의 사상에서 영향을 받았다.[144] 칸트에 대립적으로 괴레스는 민주정이 본질적으로 압제정은 아니어야 한다고 주장했다. "모든 인간의 독재정이 초물리적인 신정에 관계하듯이 민주정은 폭정과 관계한다. 이러한 정치체제가 가장 쉽게 아나키로 바뀔 수도 있으며, 대부분의 내적 풍파에 노출되고, 당파적 정신이 가장 쉽게 생길 수 있는 여지를 만들고, 모든 과거, 현재, 그리고 수많은 앞으로의 인류에게 단적으로 전혀 맞지 않아서, 이 모든 것이 형식이 아니라 단지 형식과 같은 것에 물질이 맞추도록 부과되어야 할, 오직 불편할 따름인 것일 수 있으리라."[145] 민주정은 충분히 교양 있는 인간을 위한 사회 형태이다. 그 고양된 형태인 아나키를 괴레스는 "신성Gottheit"을 위한 사회 형태 및 삶의 형태라고 묘사했으며,[146] 일 년 뒤 《다스 로테 블라트》에서 아나키를 완성된 정부 형태로 정의하였다. "야만의 상태에서부터 사회로의 첫 발걸음이 이러한 문화로 넘어가는 것이라면, 압제적 정부 형태에서 대의적 정부 형태로 옮겨가는 것은 두 번째 발걸음이다. 이로부터 순수하게 민주정적인 정부 형태는 세 번째 옮겨감이며, 여기에서 아나키로 가는 것은 최종적으로 마지막 옮겨감이다."[147] 물론 그는 체념하듯이 다음과 같이 덧붙였다. "나는 아나키 시대가 그 전체적 범위에서, 즉 사람들이 어떠한 정부 형태도 필요로 하지 않기 때문에 정부 형태를 가지지 않는 시대가 유한한 시간 속에서 결코 오지 않게 될 것이라고 믿는다."[148] 콩트Comte의 사상이 괴레스의 지배 형태의 역사적 단계이론에서 이미 나타난 점을 지나쳐서는 안 된다. 무한궤도적 곡선에 접근하려는 이상을 추구하는 것이 인간의 의무인 것처럼, '아나키'는 말 그대로 지배 없음으로 이해된다. 인간에 대한 인간의 지배를 없애는 것은 — 처음으로 '아나키'라는 표현의 사용 하에서 — 역사철학적 목표인 강령으로 확립되었다.

노발리스Novalis는 아나키를 자연과 자유의 공생 속에 있는 것으로 미화하였다. "모든 자연은 놀라운 방식으로 모든 정신세계와 섞여 있어야 한다. 일반적 아나키의 시대—무법성—자유—자연 상태 — 세계(국가)가 생기기 이전의 시대. 세계가 생기기 이전의 이러한 시간은 — 마치 자연 상태가 영원한 나라의 특별한 상인 것처럼 — 세계가 생긴 이후 붕괴된 시간의 특징을 바로 제시한다. 동화의 세계는 진리의 세계(역사)에 철저하게 대립된 세계이다 — 그리고 완성된 창조의 카오스처럼 바로 이런 이유로 진리의 세계와 아주 비슷하다.[149] 그러나 프리드리히 슐레겔Friedrich Schlegel의 초험철학을 위한 예나Jenenser 강의(1800~1801)에서야 비로소 아나키 개념이 절대적 자유가 되었다. '아나키'는 '자유'와 동일하였다. "……자유는 상상의 첫 번째 조건이며, 순수 오성의 마지막 목적이며, 오성은 보다 높은 것에서부터 유한한 것에 영향을 미치며, 목적은 가상을 없애거나 유한한 것을 없앤다. 이러한 목적에 도달하게 되는 만큼 이것은 우리를 자유로 인도한다. 자유의 개념에 따른 사회는 아나키로 존재하게 되며 — 사람들은 이런 사회를 신의 나라, 혹은 황금의 시대라고 부를 것이리라. 본질적인 것은 물론 아나키여야 한다."[150] 에른스트 모리츠 아른트는 정치—역사적으로 과거의 검토를 그리스도적-민족주의적, 신보수주의적인 이념가들과 마찬가지로 진보적으로 수행하였다. 이러한 정신적 태도는 자유전쟁 이후 학생 소요에 대한 자신의 평가에서 표현되었다. 그는 독일 학생들 사이에서의 동요에 대해서 철저히 이중적으로 파악하였다. "독일 학생국가는 그와 같은 유례가 없으며, 그 어떤 유일한 것이며, 매우 독특하게 존재하며, 이 조그만 아나키에서 그 모든 자신의 특성 및 결함과 함께 호헨슈타우펜Hohenstaufen 왕가의 몰락 이래로 이제 560년간 있어 왔던 위대한 독일 아나키의 확실한 모습을 보여준다."[151]

3. 아나키-폭정-모형의 붕괴

프랑스혁명을 통해서 특히 강화된 아나키 개념의 역동성은 — 비록 시작에 불과하더라도 — 임마뉴엘 칸트Immanuel Kant에게서 이미 보인다. 사실상 《순수이성비판*Kritik der reinen Vernunft*》(1787)과 비슷하게 《영구 평화를 위하여*Zum ewigen Frieden*》(1795)에 다음과 같은 말이 있다. "독단론자의 지배하에서 처음에는 지배가 전제적이다. 입법은 여전이 오래된 야만의 흔적을 자체적으로 가지기 때문에 내적인 전쟁을 통해서 점차 완전한 아나키로 악화된다."[152] 이와 함께 폭정이 아나키를 야기한다는 표현이 다시 나오게 되었다. 하지만 《실용적 관점에서 인간학》(1798)에서 아나키는 역동화와 역사화에 대한 최초의 발단을 보여주는 방식으로 압제정과 구별되었다. 칸트는 법, 자유, 폭력의 네 가지 결합의 가능성을 구별한다. "a) 폭력이 없는 법과 자유(아나키), b) 자유 없는 법과 폭력(압제), c) 자유와 법이 없는 폭력(야만), d) 자유와 법과 함께하는 폭력(공화국)." [153] 아나키가 압제정과 대립적으로 '법률'과 결합된다는 것은 새로운 것이다. 하지만 아나키와 폭정 사이의 상호작용은 마찬가지로 남아있다. 슐레겔Schlegel(1796)은 아나키와 압제정의 상호작용적인 생성조건을 사실상 가정하였다. "압제정과 아나키는 내적으로 가장 밀접하게 연결되어 있으며, 서로를 촉발하며, 서로를 강화한다. 그러므로 1760년부터 시작되는 새로운 기간에 아나키적 정신은 전혀 낯선 것이 아니다. 이것은 바로 최고도로 상승한 압제정이라는 현상이자 이에 대한 두려움, 바로 그것이다. 동일한 원인은 어디서나 동일한 작용을 하며, 아나키와 압제정 양자 혹은 그중 하나가 득세하여 서로를 몰락시킬 때까지 압제정은 어디서나 아나키로 빠지며, 아나키는 압제정으로 빠진다." [154] 그 밖에 슐레겔은 "절대적 압제정"을 "아나키보다 더 불평등한 크나큰 정치적 악"으로 규정한다. [155] 동시대의 문학에서 이러한 아나키와 폭정의 결합이 계속 부각되었다. 피히테가 주도하던 예나의 사교, 문예, 정치적 친교 모임 "프라이엔 매너Freien Männer"(1795)의 요한 에리히 폰 베러거Johann Erich von Berger, 게오르크 프리드리히 레브만Georg Friedrich Rebmann(1796)은 폭정과 아나키를 동일시하였다. [156] 1793년의 《노이엔 토이첸 메르쿠르*Neuen Teutschen Merkur*》에 따르면 아나키는 "일인 독재"나 "다른 민족에 의한 지배"를 낳게 된다.[157] 보다 뒤의 글에서 베르거Berger(1816)는 "혁명의 아나키적 공포 시대는" "보나파르트파의 전제정치와 같은 숨막히는 침묵이" 따른다고 하였다.[158] 크룩Krug은 자신의 마지막 국가 정치적 저작(1816)에서 직접 민주정이 우선은 "평민 지배(중우정치)", 그리고 이어서 다시금 아나키나 폭정으로 흘러간다고 보았다.[159] 프리드리히 페르테스Friedrich Perthes는 여전히 1789년을 새로운 혁명과 비교하면서 1830년에 다음과 같이 썼다. "다시 한 번 유럽이 아나키로 인하여 폭정으로 나가는 피의 행진을 시작하게 될 것이다.[160] 아나키—폭정의 순환모형의 민족주의적—이데올로기적 해명은 프리드리히 루드비히 얀Friedrich Ludwig Jahn에게도 보인다. 아나키("비지배Waltlosigkeit")는 혁명("전복")을 낳고, 혁명은 독재를, 다시금 아나키를 낳는다. "비지배Waltlosigkeit는 전복의 순환 과정에서 붕괴된다. 그 첫 번째 소나기가 지나가면, 민족은 피로감을 느끼면서 평온을 가장 절실하게 바라게 된다. 모든 전복은 참된 평온에 대한 기다림을 낳게 된다. 평온에 대한 기다림에 이어서 스스로 자리 잡고, 스스로 지배하고, 자기 추구적으로 되면, 평온에 대한 기다림(독재)이 독자적인 지배의 강탈(찬탈)을 통하여 중지되며, 전제군주의 지배가 지배 없음으로 사라질 때까지 지배의 찬탈을 독재자는 전제군주의 기법을 통하여 확보하고자 한다. 이것이 지배를 싫어하는 민족의 바람직하지 않은 경로이다."[161] 이 양쪽 개념을 동일화시키는 결합이 새로운 이음부의 결합을 통해서 붕괴된다.

아나키와 폭정의 근본적인 분리는 흥미롭게도 결국 국가학에서부터 도입되었다. 크리스티안 다니엘 포스Christian Daniel Voss는 1797년 슐레처Schlözer의 《국가학 개설》을 특히 방법적 철저성과 일반적 사회화 및 역사화의 특징을 가진 개정을 통해서 '아나키'를 보다 명확하게 표현하였다. 그는 다음과 같이 지적하였다. "개념에 대한 올바른 규정에 따르면, 프랑스에서 혁명의 전체 기간 동안에 결코 아나키가 발생하지 않았다. 왜냐하면 항상 공동체로부터 인정된 최고 권력이 동일한 것으로 존재하였고 영향을 행사하였으며…… 공동체로부터 인정된 권력이라는 얼굴을 가진 악의적인 권력의 소유자로부터 강탈을 당하고, 살해되었기 때문에, 그리하여 아무도 권력 행사자 측의 사람에 대해서나 잘못 사용된 최고 권력의 행사자로부터 자신의 삶이 안전하지 않으므로, 아마 여기에는 전제정치와 같은 것이 있었더라도 결코 아나키는 없었다. 이와 같은 전제정치 따위와 함께 다른 모든 사회적 관계에서 정의의 엄격한 집행이…… 생각될 뿐만 아니라, 매우 많은 역사적 증거를 통해서 실제적인 것으로 입증된다. 또한 항상 특정하고, 민족으로부터 적법적이고 타당하다고 인정된 최고 권위(왕, 술탄, 국민-의회, 공안위원회)가 발생하여 이의 힘으로 전제정치 따위가 집행되었다. 그러나 아나키 상태에서는 이와 같은 것이 인지되지 않는다. 그러므로, a) 각자는 각각 자신과 자기 가족의 사적인 재산의 안전을 철저하게 모든 관계 속에 스스로 걱정해야만 하거나, 혹은 b) 아마도 한 개인이나 단체는 오직 책략이나 권력을 통해서 그 순간에 가능한 최고의 폭력을 마음대로 휘두르며, 당연하게 타인을 억압할 것이다."[162] 이와 같은 근본적인 아나키와 폭정/전제정치의 구분은 결국 프루동Proudhon과 모제스 헤스Moses Hess에게 나타나는 확실히 긍정적 정치체제 형태로 아나키의 규정을 위한 전단계일 것이다. 물론 얼마나 이러한 분리가 — 이를테면 빌란트와 다른 사람의 이해와 비교하여 — 이 시대의 일반적 사회 의식에 영향을 주었는지는 알려지지 않았다.

4. '아나르쉬스트'와 '아나키스트'

그리스어와 라틴어의 사례가 없는 "아나르쉬스트anarchiste"라는 낱말은 프랑스혁명에서 나왔다. 이 낱말과 개념은 1791년에 처음 나타난다.[163] 1792년과 1797년 사이의 기간 동안에 프랑스어권에는 많은 사례가 발견된다. 1792년 가을, 왕권의 붕괴 후에 거의 모든 표현은 "자코뱅 당원에 대해서 악의적인 표현으로 사용되었다."[164] 이 낱말은 1792년 이후에 부정적이고 평가절하하는 억양으로 주로 사용되었다.[165] 샤를로트 코르데Charlotte Corday가 1793년 7월 청문회에서 마라Marat를 찌른 칼을 제시받고, 그것을 아는지 질문을 받았을 때, 그녀는 대답했다. "네, 이것이 그 아나키스트를 죽인 칼입니다."[166] 1793년 이후로 아나키스트는 "시체들을 넘어 왕좌에 이르려는qui veulent parvenir au trône àtravers les cadavres" "선동자agitateurs"

와 동일시되었다.[167] "아나키스트와 압제자anarchistes et tyrans"의 두 개념이 같은 맥락에서 사용되는 용례가 늘어났다.[168] 이미 1792년 브리소Brissot는 자신의 책 《선언Manifeste》에서 아나키스트와 연관하여서 사례를 들었다. "흉악범scélérats, 질서를 파괴하는 자désorganisateurs, 반역자traîtres, 암살의 전도자apôtres de l'assassinat, 야만인barbares, 강도brigands, 식인종cannibales, 테러리스트terroristes." 그러나 얼마 뒤에는 "아나키스트와 애국자anarchistes et patriotes"가 결합되었다.[169] 하지만 이 시기의 보다 상세한 정의는 프랑스에서 1797년과 1798년에야 비로소 발견되며, 먼저 장 프랑수아 라 아르프 Jean François La Harpe의 정의에서는 아마 긍정적으로(최소한 보다 중립적으로) 보이는 아나키 개념으로부터 부정적으로 평가되는 아나키스트를 구분하는 것이 발견된다. "그럼에도 불구하고 우리가 2년 전부터 프랑스에 존재하는 스무 개의 면面, canton에서 지금 이 순간에도 아무런 처벌도 받지 않고, 때로는 심지어 결정권자의 보호를 받으며 엄청난 양의 피를 흘리게 만드는 강도·암살자들에게 부여하는 아나키스트라는 이름 안에 여전히 혁명적 유형의 한 인물이 존재함을 지적해두어야 한다. 아! 그들은 우리를 속일 수 없을 것이다. 당신의 아나키스트들은 전혀 아나키를 원하지 않는다. 아나키스트들은 자신들이 무엇을 원하는지 아주 잘 알고 있다. 아나키스트들이 원하는 것은 그들이 로베스피에르Robespierre와 나누어 가졌던 바와 같은 권력이다. 나는 아나키스트들이 그런 권력을 가질 수 있으리라고 믿지 않는다. 아나키스트들은 다만 자신들이 지배하기 전까지 가능할 때마다 사람들을 죽이며, 그것은 엄청난 일이다.”[170] 여전히 ‘아나키스트’는 6년차(1798) 집정내각의 교서에서도 평가절하되어 정의되었다. “(1795~1799년의) 총재 정부는 ‘아나키스트’를 피로 얼룩져 있으며 노략질한 물건으로 비대해진 범죄를 일삼는 인간, 자신들이 만들지 않은 법률과 자신들이 장악하지 못한 모든 정부의 적, 자유를 설파하면서 압제를 행하고, 박애를 말하면서 형제를 살해하며, 자신들의 노획물을 나누는 데에는 욕심으로 가득 찬 인간, 자신들 위에 군림하는 교활한 지배자의 비굴한 아첨꾼, 노예, 압제자, 한 마디로 모든 극단적 행위, 모든 천박함, 모든 범죄를 행할 수 있는 인간이라고 이해한다.”[171] 양쪽의 정의는 명백하게 보수적/반동적 방어의 여러 특징을 포함하는데, 이는 마찬가지로 “자코뱅 당원jacobin”이란 개념과 연관해 확인되어진다.

독일에서 가장 초기 증거는 빌란트의 《신들의 대화Göttergesprächen》(1793)에서 발견된다. 프랑스적 “자유의 열광자들과 아나키스트”들의 원칙은 이들이 “바로 원시적 상태로 되돌리기” 때문에 공공연하게 비난받았다.[172] 함부르크 출신인 페리디난트 베네케Ferdinand Beneke는 1794년 자코뱅 당원을 염두에 두고 “블러드 하운드*와 아나키스트”라는 말을 하였다.[173]

괴레스와 빌란트는 ‘아나키스트’라는 말을 프랑스어에서 차용하여 독일 언어권에서 실제적으로 도입하였다.[174] 괴레스는 1798년 이

---

* [옮긴이] 블러드 하운드 : 영국 종의 사냥개. 잔학한 인간을 비유한다.

렇게 한탄하였다. "나의 이름과 나의 머리카락에서 그들은 내가 잔
인한 자이며, 아나키스트라는 것을 꼭 맞아떨어지게 증명한다."[175]
그가 일 년 뒤에 혁명에 실망하여서 전향했을 때, 온건 개혁주의자
들과 아나키스트, 지롱드 당원과 자코뱅 당원에 관해서 언급하였
다.[176]

슐레겔Schlegel은 1805년 신교도 내의 한 집단을 지칭하는 데 이
개념을 사용하였다. "신교도는…… 정치적 관점에서 세 개의 주요
계급으로 분열된다. 열정적인 아나키스트wütende Anarchisten, 이들
은 오래된 기본적이고 군주제적 정치체제에 충실하게 머물거나 이
쪽으로 되돌아가려는 자이며, 말하자면 루터파들이며, 세 번째로
개혁자들은 명백하게 아나키스트가 아니지만 항상 은밀하게 공화
주의자로 존재하고자 한다."[177]

그러므로 아나키스트 개념은 처음부터 그리 정확하지 않아서 초
기부터 다른 것으로 바꿀 수 있었다. 여기에서는 여전히 실용적이
고 의미론적인 측면이 그리 많지 않다는 점이 아나키 개념보다 더
두드러진다. '아나키스트' 개념은 전체적으로 외연이 확산되는 것
을 보여준다. 이 개념은 사실상 그 출현 이후에 바로 당파를 지칭하
는 어휘로 수용되었지만[178] 끝까지 관철되지는 않았다. 19세기 초
엽에 '아나키스트'는 그리 사용되지 않았으며, '자코뱅 당원'은 '아
나키스트'라는 구체적 연관성은 없어졌다.[179] 보수적이라는 의미는
분명하게 남아있었다. 맥락적인 개념은 무엇보다도 '무신론자', '선
동가' 등이었다.[180] 19세기 초기의 정치적 어휘의 사용에 따라서 "우

파”와 “좌파” 집단으로 분류한다면, ‘아나키’보다 ‘아나키스트’는 훨씬 더 강하게 “우파” 집단에 속하게 될 것이다. 이와 유사한 것이 “이데올로기idéologie”가 (이 시대의 ‘아나키’처럼) 여러 진영에 존재하듯이 거의 동시대에 나온 개념인 “이데올로그idéologiste”[181]에서처럼 ‘아나키스트’라는 개념의 맥락에서도 적용된다.

5. 1790~1830년의 전통적 의미와 보수적 반동

아나키 개념의 과도기는 오래된 의미가 새로운 내용과 합쳐져 축적되는 것을 본질적으로 보여준다. 따라서 문헌에서 ‘아나키’는 1790년, 무엇보다도 1793~1798년 시기에 정부·국가·지배에 관한 이전 형태, 과도적 형태, 혹은 있어서는 안 될 형태로 “상태”[182]라고 항상 표현되었다. 이렇듯 의미론적으로 아나키 개념은 거의 변하지 않았다. ‘아나키’와 ‘아나키스트’란 말을 사용하여 프랑스혁명과 자코뱅 당원에 반대하는 독자적 반동이 나왔을 뿐만 아니라, 우선은 긍정적인 태도의 해석자들도 점차 루이 16세의 단두대 처형과 함께 등장한 혁명적 테러의 지배에 겁을 먹게 되었다. 아르헨홀츠는 1792년 프랑스 국민회의의 이전 의장인 귀아데Guadet의 말을 보고하였다. “나는 보블랑Vaublanc 씨처럼 이 순간에 제국을 흔들고 있는 아나키와 무질서에 대해서 이미 오래전부터 한탄을 하고 있었다.”[183] 혁명에 대한 열정이 이전에 이미 식었던 빌란트는[184] 1792

년 프랑스의 "아나키적 붕괴", "국가의 와해"로써 아나키에 대해서 말했다.[185] 슐로셔는 플로렌스에 대한 마키아벨리의 이야기를 논박하면서 이미 1798년에 모든 혁명의 장점을 부정하였는데, 왜냐하면 "무엇보다 신하가 군주를 개혁하기 시작하면, 대부분은 통치의 개선보다 아나키가 나오기 때문이다."[186] 타락의 의미에서 민주정이 아나키를 낳는다는 표현 방식은 계속 유지되었다. 따라서 1794년의 《노이엔 토이첸 메르쿠르Neuen Teutschen Merkur》에서 민주정적 정치체제가 "가장 느슨한 양식의 과두제"라고 표현되고 그 "자유는……국가를 아나키라는 가장 슬픈 상태로" 빠뜨린다라는 말이 나온다.[187]

헤겔Hegel은 아나키가 지배의 타락 형태라는 특별한 표현 방식을 분명하게 제시하였다. 《독일의 정치체제론》(1801~1802)이라는 그의 초기 저작에서 그는 집중적으로 당시의 독일이 하나의 '국가'인가라는 물음에 몰두하였다. '국가'에 대한 상대 개념은 당시 그에게 '아나키'였고, 강한 표현으로는 "개방적 아나키offene Anarchie"였다. 그는 명백하게 "독일이 더 이상 국가가 아니다"라고 단언하였다.[188] 하지만 독일은 또한 "개방적 아나키"[189]가 아니라 그가 나중에 《철학사 강의Vorlesungen über die Philosophie der Geschichte》에서 공식화하듯 "세상에서 아직 본 적이 없는 규정화된 아나키konstituierte Anarchie"라고 한다.[190] 여기에는 또한 아나키에 대해 일반적인 부정적 평가에 다시금 그 지양Aufhebung의 가능성과 아나키적 상태에 대하여 다른 식으로 분위기가 바뀌는 것이 함께 보인다. 아울러 헤겔의 아나키 개념은 연방주의 — 중앙집권제 — 논의와의 연관에서 해석 될 수 있다. 1801년의 글에서 그는 (중앙집권화 된) 프로이센 국가 기계론Maschinentheorie의 논쟁에 참여하였고, 국가의 "기계를 조종 하는 식의 위계질서maschinistische Hierarchie"에 반대하여 투쟁했다. 그가 반대적인 상으로 가지고 있던 것은 처음에 "프랑스 공화국"이 었다.[191] 물론 헤겔의 국가와 정치에 대한 관계는 복합적이다. 이미 젊은 시절의 헤겔에게 본래적 진리는 국가의 권력에 있었다. "국가 의 이해"는 "옳고 그름이 무엇인지를" 규정하는 힘이다. 확실히 헤 겔은 반자유주의적이지는 않았다. 그는 비록 의회적 법치국가는 아니지만 헌법적인 법치국가를 원하였다. 이 때문에 부르주아는 공동체의 일원으로 결코 국가로부터 배제되어서는 안 된다. 이것 은 나폴레옹에 대한 그의 논쟁에서도 분명히 하였다. 그는 "정복자 의 지배란 흩어진 군소 민족을 모아서 이루어진 민족에서 모든 구 성원에 대한 많이 인정되는 그러한 형태로" 성립된 것으로 간주하 고자 하였다.[192]

상태로서 '아나키'에 관한 전통적 의미와 함께 보수적 반동이 생 겨났다. 위대한 수구 보수주의자 폰 데어 마르비츠Von Der Marwtz 는 하르덴베르크Hardenberg(1812)와의 논쟁 과정에서 아나키를 "지 위와 귀족의 말살 후에 또한 군주의 권력을" 부수는 "완전한 아나 키"로, 그리고 폭정과 유사한 "비국가"로 보았다.[193]

괴레스와의 논쟁에서 겐츠Gentz는 '정치체제'와 관련된 '아나키' 에 직면하였으며, "프랑스라는 연맹의 힘이 붕괴되는 파괴와 아나키 상태"에 관해서 언급하였다.[194] 빈 회의 후에 다시금 합쳐진 유럽에서 메테르니히가 괴레스에 대한 정치적 공세와 함께 부정확하고, 감정이 실려서 공허하게 된 아나키라는 개념을 골자로 해서 공격하였을 때, 그는 다음과 같이 연설했다. "사람들이 실제로 지금 정치적 와해 상태에 있는 국가에 관해서 파괴, 아나키, 재생과 같은 말을 사용할 때, 이 말이 동일한 문장을 독일에 적용하여 독일에는 모든 독일의 정치적 수완가를 만족시킨 연방제도가 단지 없다는 이유로 폭력적인 언어와 생각이 섞여 있다고 하는 말과 무엇이 다른가?"[195] 유럽, 그리고 무엇보다 독일은 평온해야 한다. '진보', '폭동의 정신', "민족국가"는 메테르니히와 그의 이데올로그가 싫어한 것이다. "우리의 적은 아나키이며, 우리의 동지는 아나키와 싸우는 자들이다."[196] 정치적 이론의 이러한 변화에 적대적으로 부각하는 것은 여전히 지배이론의 이념화를 잘 간직하고 있다. 따라서 메테르니히는 벨기에, 폴란드, 이탈리아에서 7월혁명의 발발 이후의 자유주의적이며 혁명적인 세력과 연관하여 "아나키스트적인 패거리 Faktion"에 대해서 말하였는데, 스위스의 젊은 독일인들은 그가 보기에 "아나키의 반사회적 분자들"이었다.[197] 보수주의자들은 이와 함께 대응 조치로서 아나키 개념을 완전히 정치적 및 역사철학적으로 작용하도록 만들었다.

6. 1790~1830년 "상태"로서 아나키의 이념화와 사회적 개념화

1790년 이래로 전통화된 정치체제의 정치적 개념인 '아나키'의 지속적 존립 이외에 프랑스혁명의 구체적 경험을 통해서 제한된 이러한 아나키 개념에 대한 일종의 사회적으로 개념화된, 사회로 옮겨진 변형이 나타났다. 그리하여 이미 1790년 《노이엔 토이첸 메르쿠르Neuen Teutschen Merkur》는 "사회의 유대"를 붕괴하는 "아나키의 해악과 공포"를 다루었다.[198] 그리고 에드먼드 버크Edmund Burke는 《노이엔 토이첸 메르쿠르》에 다시 게재된 글에서 "무질서,……소유의 훼손, ……잔인한 살해 행위, 비인간적인 몰수, 터무니없는 조롱조의 말을 하는 스스로를 독단적으로 나라의 주인으로 자처하는 클럽과의 연관에서 '아나키'를 제시하였다."[199] 보수적 반동의 틀 속에서 아나키 개념의 이데올로기화, 정치-이데올로기적으로 혁명적 엘리트층을 아나키에 속한다고 규정하는 것이 여기에 특히 분명해진다. 모든 소란에도 불구하고 부르주아 사회에서 굳건해지는 명예 및 도덕 개념이라는 보수적인 반응의 특징 속에서 이미 1792년에 처음으로 "방종"과 결합된 "아나키"가 나타났는데 — 나중에 무엇보다 캄페Campe에게서 다시 수용되는 결합이다.[200]

같은 해에 아르헨홀츠Archenholz는 특히 프랑스에서 "점차 증가하는 아나키"를 보았다. 그리고 국제 정치적 투쟁 개념의 중심지로 아나키 개념을 가져왔다.[201] 또한 로텍Rotteck도 '아나키'를 이러한 연관에서 사용하였다. "아나키라는 핑계로 다른 궁정에서 전제적인 성향의 장관들이"폭력적으로 다른 나라의 내정에 간섭할 수 있었다.[202]

1796년에 《유데모니아Eudämonia》에 익명으로 실린 예나의 반정부적 젊은이들의 지도자로서 피히테Fichte가 "학생들 사이에서 그리스도적 종교적 가르침 대신에 특이한 이성적 신의 숭배와 질서 대신에 국가에 아나키를 들어오려고 시도한다"고 그를 공격했다.[203] 빌란트Wieland는 1798년 특히 《둘 사이의 대화Gesprächen unter vier Augen》에서 프랑스혁명의 결과에 반대하여 투쟁하였다. 자신의 변화된 입장에서 볼 때 "아나키의 끝없는 비참함", 아나키의 핵심 성격인 "평등성", 그리고 "아나키와 테러"의 결합은 인상적이었다.[204] 또한 괴레스도 비록 여전히 "귀족정"과 "프로이센의 반동"에 대해 반대하는 태도를 가졌지만, 1798년에 "사회적 결합의 붕괴"로써 '아나키'를 파악했다.[205] 그는 독일로의 전선 이동, 혁명가와 반동가의 혼합을 자신을 통해서 보여주었다. 이러한 태도에서 표현되는 전통적 의식과 자유주의적 사상과의 결합은 이 시기 그의 삶에서 전형적이었다.

파리의 자코뱅 당원의 대항자이자 "법의 친구Ami des loix"의 지도적 회원이었던 풀티에르Poultier는 1799년 '아나키'를 일련의 "보복, 고발, 살해, ……그리고 약탈"이라고 내세우고, 이런 모든 단어들이 자코뱅 당원에 귀속되는 것이라고 인정했다.[206] 결국 겐츠는 이미 1806년 이래로 아나키에 정치적-사회적 책임을 전가시켰다. 국가의 기능이 "폭력적인 총체적−혁명"의 발발과 이와 연계된 "절대적 아나키"로 위축되었다.[207] 그는 1817년 바르트부르크 축제Wartburgfest 의 분석에서 "다양한 생각의 아나키"에 대해서 언급하였고,[208] 이미 1815년에 바이에른의 왕인 막시밀리안Maximilian 1세가 "헌법의 이름으로 자신의 나라에 선포한 혐오스러운 아나키의 가장 솔직한 찬미자이자 가장 부드러운 애호가"라고 메테르니히에게 편지를 썼다.[209] 그는 1831년의 〈유럽의 정치적 상황에 대한 고찰〉에서 "아나키를 초래하는 당파들의 불손한 태도들"을 부각시켰다.[210]

겐츠는 특히 칼스바더Karlsbader 결의 후에 선동가들을 박해하는 시기에 아나키 개념을 다용도로 활용하는 데 결정적인 공헌을 했다. 그는 이 개념을 특정한 정치적 이념, 특정한 사회집단에 적용하였을 뿐만 아니라 '아나키'를 또한 의도적으로 투쟁 개념으로 사용하였다. 프란츠 폰 바더Franz von Baader는 가톨릭적−보수적 반동의 입장에서 그를 추종했다. "그 밖에도 내가 지금까지 조합에서 지성적 활동의 이성적 자유를 말하고 어떻게 이러한 자유가 종교성의 자유로운 발전과 융화되는지에 대해서 증명하였으므로, 엄청난 악과 우리 시대의 문제점을 인정하지 않는 (물론 범죄가 공개적인 이론과 표현된 체제를 가질지라도) 당시 조합이 빠져있던 아나키 상태와 모든 여론과 이론을 무시한 상태에서 나는 멀리 떨어져 있었다."[211]

이와 함께 독일에서도 점차 "계급투쟁"이라는 용어가 형성되었다. '살해', '약탈'처럼 '아나키'에 대한 맥락적 개념이 독일 부르주아 세력에게 불안을 불러일으키고 방어적 태도의 분위기를 만들었고, 이 분위기는 1830년 이후에 이어지는 기간의 이념적 원인이 되었다.

7. 1800년 이후 '아나키'와 '아나키즘'의 철학·윤리학·종교로의 전이

프랑스혁명 이후에 '아나키'에 대한 실제적 증가와 정치화로 인해 무엇보다 철학과 문예라는 새로운 연관 영역으로의 전이가 동반적으로 나타났다. 이러한 전이와 함께 의미의 희석처럼 의미의 확산이 아나키 개념에 결합되었다. 칸트는 이미 1781년 《순수이성비판 *Kritik der reinen Vernunft*》 1판의 서언에서 "형이상학"의 지배에 반대하는 입장을 상세히 말했다. "독단론자의 지배 아래에서 그 지배는 처음에 압제적이다. 입법은 여전히 과거 야만의 흔적을 자체적으로 가지기 때문에, 형이상학은 내적 전쟁을 통해서 점차 완전한 아나키로 악화된다."[212] 고트프리드 임마누엘 벤첼Gottfried Immanuel Wenzel은 철학적-국가부르주아적 개론(1804)에서 아나키를 완전히 전통적으로 두 개의 군주국 사이의 타락 형태(모든 정부의 결여)로 해석했다.[213] 칸트의 제자이자 쾨닉스베르크의 후계자인 빌헬름 트라우고트 크룩Wilhelm Traugott Krug은 이미 1801년에 "철학의 영역에서 오늘날까지 완전한 아나키가 유지되고", "많은 사람들은 …… 심지어 이러한 아나키에서 학문의 구원을" 추구한다고 한탄하였다.[214] 그는 1819년 《순수이성비판》 1판 서언의 해석에서 다음과 같이 강조하였다. "이제 독단론이 철학적 압제정이라면, 회의주의를 철학적 아나키즘이라고 부를 수 있다. 독단론이 철학에서 확실한 인식의 원칙을 전혀 허용하지 않기 때문에, 이 학문의 영역에서 철저한 아나키가 발생하였음에 틀림없다."[215] 철학의 역사에서 크룩은 "철학적 아나키즘"이란 개념을 최초로 수용한 자이다. 1802년에 그는 철학함에 있어 정립적·반정립적·종합적이라는 세 가지 방법을 구별하였다. 그는 정립적 방법을 "독단론, 철학적 압제정"이라는 개념에 넣었다. 그는 반정립적 방법을 "회의주의, 철학적 아나키즘"에, 그리고 종합적 방법을 "비판주의, 철학적 공화주의"에로 귀속시켰다.[216] 크룩이 '아나키즘'과 '아나키'를 철학사에 넣은 것은 그가 이러한 전환을 의식적으로 반영하였기 때문에 의미가 있다. "최근에 사람들은 아나키 개념을 학문 쪽으로, 특히 철학으로 옮겼으며, 이 때문에 철학적 아나키즘이 이야기된다. 그러나 학문의 영역과 특히 철학의 영역에서 지배적인 권위나 권위적인 명성이 주어져서는 안 된다. 그래서 이와 같은 표현이 단지 고유하지 않은 것으로 이해해야 한다. 이 표현은 말하자면 학문에서 여전히 확실하고, 모두가 참되다고 인정하는 원리가 없다는 것을 의미해야 한다."[217] 크룩 외에 칸트의 다른 제자들도 아나키 개념을 지배 형태 이론에서 받아들였다. 따라서 소수 칸트의 무조건적인 추종자 중의 한 명인 칼 크리스티안 에르하르트 슈미트Carl Christian Erhard Schmid는 "윤리적 아나키"에 관해서 언급한다.[218]

노발리스Novalis도 마찬가지로 '아나키' 개념을 사용하였다. 그는 철학적 시스템의 틀 속에서 한편으로는 자유, 사고의 무한을 아나키로부터 구별하였다. "본래의 철학적 체계에는 자유와 무한성이, 혹은 더 분명히 표현하자면 하나의 체계 속에 들어온 체계 없음이 존재해야 한다. 이와 같은 체계만이 체계의 오류를 막고, 부정의 아나키에 연관되지(책망받지) 않게 된다."[219] 하지만 노발리스에게 자주 보이는 것은 슐레겔Schlegel의 이념적-낭만적 사고의 표현에서 보이는 것처럼 아나키에 대한 긍정적인 시각이다. "참된 아나키는 종교를 낳는 기본 요소이다. 긍정적인 것의 말살에서 아나키는 새로운 세계를 창시하는 자로서 그 찬란한 몸체를 드러낸다."[220] 그리고 슐레겔은 다음과 같이 표현한다(1805~1806). "종교개혁은 간접적으로 아나키를 통해서 좋은 것을 산출하였다는 점에서…… 기여하였다."[221] 아나키에 대한 이러한 이해는 또한 프루동과 모제스 헤스에게 영향을 주었다. 젊은 독일인인 라우베Laube와 구츠코프 Gutzkow도 노발리스와 슐레겔의 아나키 개념을 넘겨받았다.

헤겔은 《정신현상학》(1807) 〈자기 소외적 정신-도야〉 절에서 경악, 테러의 상황에서의 "자기의식"을 기술하였다. 의식은 여기에서 일반적인 의지와 함께 자신을 알지만 "직접적으로 존재하는 본질로서가 아니며, 그를(일반적인 의지를) 혁명적인 정부나 아나키를 규정하려는 아나키로서가 아니며, 또한 자신을 이러한 부분의 중심으로서나 아나키에 대립된 의지로서 자신을 아는 것이 아니며, 오히려 일반적 의지는 자신의 순수한 지식이며, 의지이며, 이것(의식)은

이러한 순수한 지식이자 의지로서 일반적 의지이다."²²² "자기자신
과 순수 지知의 상호작용에서" 자기의식은 프랑스혁명의 혁명 정
부, 아나키, 반동 사이에서 방향을 잡는다. 이러한 관점에서 아나키
는 역사적으로 고유한 힘이 없이 일시적 상태로 머무르게 된다.

8. 1794~1855년 문예로의 전이

괴테Goethe는 독일에서 아나키 개념을 문예적 영역에 의식적으로
끌어들인 최초의 사람이었다. 자기 시대의 문예적 삶을 고찰하면
서 그는 — 긍정적으로 회고하면서 —'귀족정적 아나키'를 언급했
다. "하지만 전체적으로는 이와 같은 상태는 중세 시대에 상당한
독자성을 이미 가지고 있거나 혹은 획득하고자 하는 폭력의 갈등과
유사하게 일종의 귀족정적 아나키였다."²²³ 또한 슐레겔도 '아나키'
를 문예적 영역으로 긍정적 평가 속에 끌어들였다. 창조적인 것이
긴 하지만 항구적이지 않은, 카오스적인 것 — 아나키 개념의 특징
— 이 철학과 예술에서 여전히 제도화된 형태들 사이에서 한계를
부수는 창조적인 힘이 되었다. "철학이 시를 지었고, 시가 철학하게
되었다. 역사가 시로, 시가 역사로 다루어진다. 시의 양식조차 서로
그 규정을 혼동한다. 서정적 분위기가 드라마의 대상이 되고, 드라
마적 재료가 서정적 형태로 강요되었다. 이러한 아나키가 외적 한
계에 머물러 있는 것이 아니라 취미와 예술의 모든 영역을 넘어서

확산된다. 생산적인 힘은 쉼없고 정적이지 않다."²²⁴ 괴테는 나중에 영국—프랑스의 전통에 연결하여 아나키를, 비록 슐레겔과는 반대되는 의미이지만, 새로운 견고함과 일반적인 합의가 나와야만 하는 "넓이"와 "확산"으로 진행되는 단계로, 역사적으로 필수적인 출발 시기라고 해석하였다. 물론 그는 이러한 해석과 아울러 낭만주의와는 거리를 두었다. "설령 우리가 학문과 예술과 연관되는 바, 모든 사람이 원하는 목적으로부터 점차 멀어지는 것으로 보이는 가장 이상한 아나키 속에 살더라도, 넓은 곳에서 좁은 곳으로, 분산에서 통일로 우리를 점점 압박하는 것이 바로 이 아나키이다."²²⁵ 낭만주의의 성급함으로 인한 동요는 새로운 시대에 두드러지는 고전의 확신에서처럼 이 문장에서 여운을 남긴다.

완전히 다른 경향은 젊은 헤겔파인 브루노 바우어Bruno Bauer, 아놀드 루게Arnold Ruge, 루드비히 포이에르바흐Ludwig Feuerbach, 그리고 젊은 독일인 구츠코프Gutzkow, 누구보다 라우베Laube, 그리고 또한 하인리히 하이네Heinrich Heine에게서 나타난다. 생시몽Saint-Simon으로부터 영향을 받은 하이네는 넓은 시각에서 사회주의적인 세계혁명으로 공산주의가 다가오는 것을 보았다. 공산주의적 독재자에 비해서 하이네가 빈정대는 나폴레옹은 조롱스러운 모습의 특징을 가졌다. "그것은 아나키라는 수많은 괴물을 제어하고, 민족 간의 대결을 정리한 양쪽 손 중의 하나인 환하게 빛나는 대리석 같은 손, 강한 손이다."²²⁶ 이와 함께 또한 하이네는 3월혁명 전 시대*의 정치적 투쟁에서 잘못된 공동체의 이데올로기, 초기 부르주아 사회의 "잘못된 의식"을 '아나키'라는 개념으로 해석하고, 조롱하고, 타파하고자 하는 자체적으로 형성된 지식인 계급의 대표자로 증명되었다. "모두 합의를 원하기 때문에 아나키는 일상적 질서에 존재한다."[227] 라우베Laube는 아나키를 인간성의 발전이라는 목표로 인정하였다. "아나키는 발전하는 역사의 목적이다."[228] 그는 발터 디체Walter Dietze가 강조하였듯이, "지배 없음"과 "무질서"로서의 아나키, 이 양자 사이를 분명하게 구별하였다.[229] '아나키'가 부정적으로 생각될 때, 이것이 '아나키'에 긍정적인 평가로 기울어진 적용과 강화된 쓰임새와 일치하는 특징을 보여준다. 그리하여 구츠코프Gutzkow는 이미 1830년대 말에 아나키를 단지 "무법적 아나키",[230] "일반적 아나키", "교양 없음의 카오스", "교양의 무시라는 전제 정치 따위"로 보았다.[231] 그리고 루돌프 빈바르크Ludolf Wienbarg는 어쨌든 미학적 영역에서 근원적으로 이들 세대에 방향을 제시하면서 아나키를 해석하여 '아나키' 개념을 부정적으로 사용하고 동시에 다음과 같이 설명하였다. "이런 모든 형태에서 빛나는 활기가 있으며, 내적이고 영웅적인 사나움이 감정을 활기차게 하고, 모든 가정의 궁핍한 제한으로부터 감정의 도약이 모든 구속을 물리치며 이구속을 부수도록 위협한다. 하지만 내부에 간직된 통일성이 다시금 교만함을 누르고, 삶, 예술, 아름다움의 통일이…… 다양성 속에서 동일한 것을 묶어주기 때문에 모든 것이 아나키로 번지지는 않

---

*옮긴이 주) 3월혁명 전 시대 : 독일에서 1848년 3월혁명 이전의 시대(1815~1848).

는다."²³² 이러한 표현에서는 — 사회의 소외자이자 좌절의 가장자리에 있는 — 젊은 독일인들이 사회에 적응한 후에 서슴없이 카오스와 아나키와 같은 모든 종류의 무질서와 싸운다는 것이 명확하다. 심지어 정부의 입장도 이제 수용되었다. "사람들은 정부로부터 아나키의 위험이 크다는 것을 믿고, 이러한 아나키를 경험하고, 다시 돌아오는 것을 원하지 않는다."²³³

아나키에 대한 저항은 보수적인 작가들과 보수적–자유주의적 교수들이 자연히 더 강했다. 로젠크란츠Rosenkranz의 부정적인 아나키에 대한 회고적 반성(독일적 경향의 아나키,……독일적 문화의 아나키)²³⁴은 후에 카알라일Carlyle의 프랑스혁명에 대한 해석을 거부하는 리하르트 바그너Richard Wagner처럼 바로 이러한 맥락에 서있다. 이렇게 촉발된 "독일 민족에게 혐오스러운 세계적인 아나키는 이미 스스로 혁명, 종교개혁을 겪었기 때문에 별로 퍼지지 않을 수 있다."²³⁵

일반적으로 새로운 시대를 통한 위협과 — 낭만주의적 — 문화의 붕괴에 대한 노골적인 불안이 브렌타노Brentano, 아님Arnim, 티익Tieck에서처럼 아이헨도르프Eichendorff에게서도 보인다. 아이헨도르프는 '아나키'를 '야만', '공산주의'와 동일시한다. "천년 문화의 이러한 최후의 폐허 뒤에는 물론 아나키, 야만, 공산주의가 도사리고 있다. 프롤레타리아는 이 성벽의 갈라진 틈을 환영하면서 마치 시험삼아 하듯이 성을 공격하기 위한 사다리를 놓았다."²³⁶

9. 경제와 사회로의 전이

국민경제의 테두리 내에서 '아나키' 개념의 수용은 일찍이 시작되었지만 그 절정은 1840년대에 발견된다. 이미 1792년 앙드레 세니에Andre Chénier는 "특히 우리의 가장 아름다운 안전지대들에 지배적으로 존재하는 경악스러운 아나키"를 언급하였다.[237] 바더Baader는 1801년 "민족들의 압제정과 세계 무역의 일반적인 아나키"가 결부되었다고 말했다.[238] 지배 형태 이론으로부터 "아나키와 폭정"이라는 고전적 표현 방식의 와해는 여기에도 드러난다. 1800년 이후 끊임없이 넓게 퍼져나가는 '아나키' 개념의 의미 내용이 40년 뒤에 처음으로 바더가 설명한 대로 경제에서도 전면적으로 등장하였다. 칼 그륀Karl Grün은 이 말의 사용을 아직까지는 무역("무역의 아나키, ……아나키적 무역)[239]에만 한정시켰다. 마르크스Marx는 1847년 "아나키"를 처음으로 "산업적 아나키"로, 《공산당 선언Kommunistischen Manifest》(1847~1848)에서 "생산에서의 아나키"로 사용하였다.[240] 그가 이 개념을 《경제-철학적 수고》(1844)나 프루동과의 논쟁(1845, 1847)에서도 수용하지 않았다는 것은 의미하는 바가 크다. 그 이유는 마르크스가 이 개념을 빌헬름 슐츠Wilhelm Schulz(1843년)로부터 받아들였다는 점 때문일 수도 있다. 슐츠의 시대에 대한 사회 비판적 분석에는 상당히 많은 의미의 영역이 출현한다. 이들은 경제적 분야로 집중되었고(생산의 아나키적 운동),[241] 하지만 여기에서부터 거의 모든 사회의 분야로 넘어간다. "사회 이론, 학문, 예술에서 아나키, ……미학적 생산에서 아나키와 붕괴, ……의견과 관심의 아나키, ……비지속적인 것과 아나키적인 것.[242] 아나키 개념은 지배 이론이라는 전문용어로서 기능을 완전히 잃고, 문화 및 시대 비판적 개념이 되었다.

10. 1790~1830년 사전적 문헌에 기재된 역사적 발전

혁명 이전의 단계에서 혁명적 단계를 지나 혁명 이후의 단계까지 아나키 개념의 변화는 사전과 개념사적으로 관계된 모든 종류의 사전에 기재되어 있다. 이러한 발전에서 지배 형태 이론으로부터 개념의 분리는 완전히 새로운 의미들의 출현과 마찬가지로 명백하게 나타난다.[243] 요한 페리디난트 로트Johann Ferdinand Roth의 《모든 독자층을 위한 보편적 사전Gemeinnütziges Lexikon für Leser aller Klassen》(1791)은 "타락한 민주정으로서 아나키"라는 18세기의 전통을 철저히 답습하여 실었다. 비너Wiener의 1794년 《일반인을 위한 역사 및 국가 사전Allgemeinnützige Geschichts- und Staatswörterbuch》은 '아나키'를 "공동체의 우두머리를 가지지 않는 부르주아 사회의 상태"로 정의하였다(다른 전거: "순수한 민주주의는 쉽게 '아나키'로 퇴보한다. La démocratie pure dégénère facilement en Anarchie").[244] 캄페J. H. Campe는 1801년 "무정부와 무법" 외에 처음으로 "방종"이라는 의미의 변화 — 나중에 로텍Rotteck/벨커Welcker 및 60~70년대 사전적 문헌에 매우 영향력 있는 — 를 담았다.[245] 브로크하우스가 1809년에 아나키를 "무법성"[246]으로 정의했듯이 멜린G. S. Mellin은 아나키를 1806년에 여전히 철저하게 "무정부"[247]라고 전통적으로 정의한다. 1797년과 1810년 《브리태니커 백과사전Encyclopaedia Britannica》에는 1750년의 챔버스Chambers처럼 "지배자 없음"(왕이나 기타 통치자와 같은 최고 권력이 없는 곳)이라는 말이 강조된다.[248] 모쟁Mozin의 경우 독일 및 프랑스 언어권에 다음과 같은 의미가 등재되었다. "지도자 혹은 정부가 없는 국가état sans chef ou gouvernement", 무정부, 무법, "혼란, 무질서, 혼돈confusion, désordre, chaos."[249] 1817년 《브로크하우스 백과사전Brockhaus Enzyklopadie》에는 "아나키"가 "공동체적 정부의 형태가 없는 민족 단체Volksverein"로 쓰여있다.[250]

붕괴되는 국가의 개념과 연관해 한편에서는 비교적 전통적인 아나키의 규정과 다른 한편에서는 "카오스"에 이르기까지 '아나키'의 부정적 의미의 과격화가 강조된다. 이밖에도 크리스티안 D. 포스 Chr. D. Voß가 제안한 정의적 특징은 사전의 서두에 발견된다는 것도 눈여겨봐야 한다. 1827년 《브로크하우스 백과사전》에서는 다음과 같은 뜻이 있다. "아나키는 무법뿐만 아니라 성과를 내지 못하는 결여된 권력"이다.[251] 그 이전(1819)에 로텍Rotteck은 이렇게 적었다. "아나키는 (적극적으로 배치된) 최고 권력이 없거나 인정되지 않는, 공동적인 존재나 정치적 사회의 상태이다."[252] 결국 프랑스혁명의 구체적 결과가 '아나키' 개념과 거의 결합되지 않았다고 보는 것이 옳다.[253] 마찬가지로 '아나키스트' 개념이 등재된 경우가 드물며,

실리더라도 정치적으로는 구체적으로 정의되거나 기술되지 않았다.[254]

IV

공산주의의 대표적 입안자 알베르 라포네레Albert Laponneraye(1838)는 이렇게 표현하였다.

"그들은 아나키를 원한다, 말하자면 권력에 있는 사람들이, 아나키! 그들은 자기 체제에

속하지 않는 모든 것들에 이 이름을 부여한다, 가장 압제적이며, 가장 파괴적인 아나키보

다 더한 그들 체제의 결과는 무엇인가?"

Chapter

IV

1. 개념의 확산과 약화

● ● ●　　　　　　1830, 40년대에 '아나키'는 한편으로는 다시금 개
념으로 알려지게 되었고(프루동, 헤스), 다른 한편으로는 전통적인
의미 내용의 약화가 — 바로 계속 강화된 양극화를 통하여 — 이탈
리아·독일·프랑스에서 명백하게 보이게 되었고, 개념이 감추고 있
는 기능이 처음으로 그 역사에서 분명하게 드러났다.

혁명가들(마치니Mazzini, 1831)은 그 개념을 정치적 폭로의 도구처
럼 "혁명의 놀라운 결과"²⁵⁵의 비정치적 묘사에서 사용하였다. 앞서
의 부오나르티Buonarroti처럼 이제 자코뱅적 전통의 신 바뵈프주의
적Neobabeuvistisch 공산주의의 대표적 입안자 알베르 라포네레Albert
Laponneraye(1838년)는 이렇게 표현하였다. "그들은 아나키를 원한
다, 말하자면 권력에 있는 사람들이. 아나키! 그들은 자기 체계에

속하지 않는 모든 것들에 이 이름을 부여한다. 가장 압제적이며, 가장 파괴적인 아나키보다 더한 그들 체제의 결과는 무엇인가?"²⁵⁶ 또 다른 증거는 독일의 급진적 전단지에서 보인다. 이를테면 1832년 2월의 《베스트보텐*Westboten*》에는 이런 내용이 있다. "우리는 도대체 아나키가 무엇인지 물을 수 있으리라. 모든 대답 대신에 우리는 아나키가 가장 불쌍한 모습으로 나타난 독일의 상태만을 지적하여야 할 것이리라. 그렇다면 아나키란 무엇인가? 법적 정부의 부재이다. 그런데 독일에서 법적인 상태는 진정 어디에 있는가?……… 하지만 독일에서 전체적으로 아나키가 없다는 것은 사실이며, 어떻게 자체적으로는 있지도 않고, 단순한 생각의 산물이며, 가끔 무언가가 아나키적으로 진행될 수도 있는 프랑크푸르트 토호 귀족의 술자리에서만 일부 나타날 수 있을 뿐인 아나키가 존재할 수 있다 말인가?……… 인류의 명예를 더럽히는 저렇게 치욕적인 전횡적 지배의 제거가 아나키란 뜻이라면, 그렇다면 나는 아나키스트다. 그리고 소위 헌법적 국가들의 상태는 어떠한가? 몇몇 국가에서는 약간 더 나은 데 비해서, 다른 국가에서는 더 좋지 않다. 예를 들어 바이에른Bayern은 헌법을 가지고 있지만, 정부는 주의회를 해산하면서 헌법을 부활하지 않는다고 선포했다. 거기에서는 아나키가 내각에서 나왔다."²⁵⁷ 그러므로 '아나키'는 — 역설적이며 진지하게 사용가능하다면 — "좌파"처럼 "우파"의 투쟁 개념이다.

청년헤겔파 아놀드 루게Arnold Ruge는 이미 1849년 마르크스에게 보낸 편지에서 "어떠한 군주에게도 속하지 않는 자유로운 국가"

를 열정적으로 토론한 후에[258] "(이론적 자유로서) 이론적 아나키"와 "(민족의 자기 통치로서) 질서 있는 아나키"를 서로 구별하였다.[259] 좌파 헤겔주의자인 비르트Wirth는 '아나키'를 이데올로기적 비판으로 분석하여, 아나키에 대한 거부감을 보수주의자의 정치적 술책에서 나온 것이라 보고, 아나키 개념을 자유와 계몽의 연관 속에 집어넣었다. "혹은 독일 공화주의자가 아나키를 원한다면, 그 제도를 통해서 이를테면 유복한 부르주아의 재산과 공개적 질서가 위험에 빠져도 되며, 반드시 빠져야만 하는가? 사람들이 아나키의 유령을 통해서 동요하도록 하지 말라! 이것은 바로 계몽주의와 자유에 대한 적대자의 술책일 뿐이다."[260]

논쟁적인 개설서나 잡지에는 역사적으로 낱말이 가진 흥미로운 개념의 확산이 보인다.[261] 이미 1807년 헤겔이 '아나키'와 '소외'를 연결시킨 후에, 비록 정치적으로 만들어지지는 않았지만, 이러한 결합이 고유하게 정치적인 일반 문헌에 나타나기 시작했다. "반동주의자들은 그것을 아나키라 부르고, 우리 당의 몇몇은 아나키를 우리가 지향할 것이라고 인정하였는데, 이것은 아나키가 우리 중의 가장 유능한 일손과 두뇌를 소외시켰기 때문에 준열하게 질책을 받아 마땅한 서투른 솔직함이다. 오로지 영구혁명, 달리 말하자면 아나키가 민족의 구원이라는 것을 간파하기에 이 민족의 모든 계층이 오랫동안 정치적으로 충분하게 훈련을 받지 못하였다는 것 은 유감스럽게도 확실하게 진실일 뿐이다."[262]

이 개념의 보수적-반동주의적 의미 내용은 이 인용문에서 잘 드러나듯이 최종적으로 확립되었다. 아나키에 긍정적인 운동의 성격을 부여하던 사람들은 점차 형성되는 부르주아 사회의 변두리로 몰렸다. 이들 중에는 주된 이유는 아니지만 어쨌든 아나키즘적 유토피와 아나키의 기치 아래에서 투쟁을 한 자들도 있으며, 이들도 이 집단에 속해있다. 《글로브Globe》의 주요 주장은 다음과 같았다. "여러분은 폭력적 위계질서를 타도해야 한다. 다시금 솟아오르는 불평등은 하나의 억압적 통일이다. 여러분은 모든 위계질서에 대한 거부, 곧 아나키를 표명해야 한다. 모든 불평등에 대한 부정이 곧 절대적 평등이며, 모든 통일에 대한 부정이 자유이다."[263]

2. 유토피아와 조직 사이

a — 선구자 윌리엄 고드윈William Godwin

유럽 대륙의 사건으로부터 벗어나 있는 영국은 계속 발전하였다. 몽테스키외Montequieu와 루소Rousseau 사상의 영국적 수용을 통하여, 그리고 프랑스와 독일에서 혁명 이후의 시기에 대한 고드윈의 반응을 통하여, 유럽 대륙의 국가와 사회 사상에 대한 영국의 이단적인 사상의 영향은 영국에서 강력하게 성장하였다. 이것은 나중의 바쿠닌Bakunin의 유토피아적 사회주의에서처럼 특히 막스 슈티르너Max Stirner와 모제스 헤스에게 적용된다. 1756년에 이미 에드먼드 버크Edmund Burke의 《자연적 사회의 옹호A Vindication of

Natural Society)가 출간되었다. "많은 가족들의 조합"으로 지칭하고, 그 "자유"와 "단순성"을 쉬지 않고 지지하던 그의 "자연적 사회"에 대한 변호는 — 특히 윌리엄 고드윈에게 — 강력한 영향을 끼쳤다. 버크는 인공적으로 만들어진 사회에 대비하여 자연적 사회("자유") 를 주장하였다. 인공적 사회에서는 다음과 같은 것이 발견된다. "계급,…… 종속", 아울러 "전제정치와 노예제의 조합"(전제정치 따 위는 버크에게 압제정과 동일하며, "가장 단순한 정부 형태이다"). 하지만 귀족정도 단지 압제정과 명칭으로만 구별되며, 실제로 단계를 나타 내는 눈금으로 보면 압제정에 속해있다.[264]

압제정의 극단적 형태는 이미 몽테스키외가 혐오하던 "아시아적 압제정asiatic despotism"이다. 버크는 '압제정', '전제정치 따위', '아나 키'를 같은 연관성 속에 놓았다.[265] 물론 '압제정'과 '전제정치 따위' 는 '아나키'보다는 더 거부되어야 한다. "……지구상에 존재하는 대부분의 정부는 전제정치적이며, 사기를 치고, 인류가 가진 자연 권을 위반하고, 가장 혼란스러운 아나키보다 더 나쁜 것이라고 결 론지어야만 한다."[266] 물론 버크가 고드윈에게 큰 영향을 주었다고 강조하는 것은 정당하다. 하지만 그를 "아나키스트적으로 고드윈 의 선구자"라고 해석하는 것은[267] 정신사적으로나 단어사적으로 정 확하지 않다. 또한 고드윈의 아나키즘은 극단적인 개인주의에서 나왔다. 마찬가지로 밀턴Milton[268], 스위프트Swift, 로크Locke, 볼링 브로크Bolingbroke, 아담 스미스Adam Smith에 의해서 계획된, 국가 와 사회의 분리는 정부와 지배 없이 합리적이고 균등한 자연적인 사회를 목적으로 하였다. 루소와 그를 잇는 사상가들에게 흔하지 않은 이러한 이해는 이미 로크에서 두드러지는데, 그에게 "자연 상태"는 "이성의 상태"와 같은 것이었다. 볼링브로크는 절대적 민주정에서와 마찬가지로 절대적 자유에서 (부정적으로 평가된) 아나키를 보았다. 절대적 자유는 절대적 민주정처럼 그에게 이런 이유로 똑같이 낙인이 찍혔다. 절대적 민주정이란 그에게 — 비록 이것이 "자연"으로부터 군주제보다 그리 많이 떨어지지 않았음에도 — "전제정치이며 마찬가지로 아나키였다."[269] 고드윈은 아나키가 개인의 "개별적 안전"에 압제정보다 더 위험하다고 믿었다. 하지만 "아나키는 그 자체적 성질에서 짧은 기간 동안 악이며……압제정은 아나키가 일시적인데 비해서 영구적이다."[270] 이 때문에 고드윈은 공동체에 신선한 힘을 전해준다며 아나키의 긍정적 특징을 부각시켰다. "어쨌든 아나키는 최상의 방식으로 공동체에 영향을 주면서, 마음을 일깨우고 공동체를 통해서 에너지와 진취성을 확산시킨다."[271] 그러므로 아나키는 더 이상 정치체제 및 지배이론적인 의미에서 중간 상태가 아니다. 이와 함께 버크의 "자연적 사회"에서 발단이 된 개인의 창조적 자유라는 개념이 루소의 중개를 통하여,[272] '아나키' 개념과 융합되었다. 그렇지만 루소보다 로크의 전통에 크게 사로잡혀 있던 고드윈은 '아나키'를 개인주의적−합리적("이성의 상태")으로 해석했다. '아나키'에 관한 이러한 긍정적인 의미를 확보하기 위해서,[273] 고드윈은 아나키/폭정이라는 고전적 표현 방식을 세 가지로 다양화하면서 다시금 수용하였다. 아나키는 압제정으로 흘러

갈 수 있다. 아나키는 압제정의 완화로 갈 수 있다. 그리고 아나키는 마지막으로 실제적 자유("참된 자유")로 갈 수 있다. 고드윈은 이러한 사상을 또한 역사적으로 구체화하고자 하였다.[274]

아나키 개념 발전의 주요 흐름뿐만 아니라 문학에서 자기 동료들과 동시대인들에게 끼친 고드윈의 영향은 크다. 그리하여 그의 아나키 개념의 흔적은 동료였던 셸리Shelley에게서도 발견된다. 물론 고드윈의 합리적 개인주의와 구별되는 그의 헬레니즘 애호적인 서정시에서 열정적-자기 희생적, 낭만주의적이며 비합리적 특징이 강하게 전면에 나타난다.[275] 낭만주의적 지성의 분열, 국가와 교회에 대한 미래상과 증오가 셸리의 서정시에 나타난다. 그는 한편으로 유혈로 진압된 맨체스터Manchester 봉기(1819) 직후에 쓴 그의 시 〈아나키의 마스크The Mask of Anarchy〉에서 "살인, 사기, 그리고 아나키"[276]라고 표현하면서 '아나키'를 부정적으로 평가한다. 아나키의 출현은 달리 보자면 전제정치 따위와 압제정을 분쇄하는 최후의 희망이었다.[277]

그 다양한 아나키가 쓸모없는 거품처럼
그들의 벽을 쓸어버려 부수었고
......
그 날개 폭의 그늘 속으로
반란의 주모자와 성직자들, 그들은 금과 피로 살며
......

아프리카의 아나키는

번개로 반역의 세계에 말하기 위해서

그들 바다의 폭풍의 날개가 있는 도시들을 폭발시킨다

b — 피에르 조제프 프루동Pierre-Joseph Proudhon

프루동은 '아나키' 개념을 그의 투쟁적 저술인 《소유란 무엇인가? *Qu'est-ce que la propriété?*》(1840)에서 건드렸다. "인간이 평등 안에서 정의를 추구하는 것처럼, 사회는 아나키 안에서 질서를 추구한다. Comme l'homme cherche la justice dans l'égalité, la sociétécherche l'ordre dans l'anarchie."[278] 여기에서 그는 — 인간과는 무관한 최후의 진리로 서 — 정의와 평등을 "수학적 진리vérité mathématique"와 비교했다. 그의 유작 《수첩Carnets》에까지 일관하는[279] '아나키'의 긍정적인 의미 내용을 그는 '아나키'의 전래적인 부정적 정의와 대립시켰다. "아나키는 군주, 주인의 부재이며, 이것이 우리가 매일 한 걸음씩 다가가고 있는 정부의 형식이다. 인간을 규칙으로, 인간의 의지를 법률로 간주하는 고질적 습관이 우리를 혼돈의 표현이자 무질서의 만연으로 간주하게 만들었다."[280] 프루동의 이데올로기 비판은 무엇보다 정치−경제적 주장에서 이용된다("경제 세력들 사이의 아나키 l'anarchie des forces économiques").[281] 여기에서 그는 바뵈프Babeuf와 부오나로티Buonarroti, 또한 라포네레Laponneraye와 자신을 구별한다. '재산Eigentum'은 핵심 개념이 되었으며, '압제정'은 부정적 의미를 함유한 반대 개념이 되었다. "소유는 필연적으로 압제를 낳게 된다.

La propriétéengendre nécessairement le despotisme."[282] 프루동은 재산의 폐지를 요구하고, 이와 함께 자기의 자유이론의 근거를 제시했다. 그러나 자유는 버크와 고드윈이 기술한 이와 같은 개별화된 자유가 아니라 다음과 같이 그 반대 개념이다. "자유는 그것이 의지의 통제를 받아들이지 않으며 오직 법률의 권위, 곧 필연성만을 인정하기 때문에 아나키이다. ……자유는 본질적으로 조직적이다."[283] 이에 따라서 '유토피아'가 평가절하되었다. "우리는 운명적으로 아나키로 떨어질 것인가? 그리고 아나키는 유토피아로, 다시 유토피아는 혼돈으로 떨어질 것인가?"[284] 자유, 평등, 조직의 결합으로부터 모든 "억압oppression"을 넘어서 인간은 "아나키와 질서의 결합을 통해 ……사회의 가장 높은 완성la plus haute perfection de la société...dans l'union de l'ordre et de l'anarchie"을 이루게 된다.[285] 그의 마지막 편지(1864)에서 프루동은 아주 솔직하게 표현한다. "아나키는…… 하나의 정부 형태나 정치체제이다."[286] 프루동의 이론을 추종하여 결국 가르니에–파제Garnier-Pagès는 "긍정적인 아나키anarchie positive"를 말한다.[287]

프루동의 이론은 프랑스와 독일에 영향을 미쳤다. 특히 프랑스에서는 1840년대에 계속 존속하게 된 수많은 "클럽"과 "아틀리에atelier"가 있었다(예를 들어 "인민의 친구들Les amis du peuple"). 그 추종자들은 프루동과 연관하여 "개인적 행복을 일반적인 조화를 위한 수단"이라고 주장한다.[288]

독일에서는 프루동의 직접적 영향이 칼 그륀Karl Grün, 빌헬름 마르Wilhelm Marr, 칼 포그트Karl Vogt, 모제스 헤스Moses Hess, 그리고 비교적 초기인 1848년 미하엘 바쿠닌Michael Bakunin에게서 나타났다.[289] 그리하여 그륀은 '아나키' 개념을 학문의 도움으로 특정한 형식 속에서 이해할 수 있기를 바랐다. 그륀은 마르크스와 마찬가지로 프루동으로부터 영향을 받았다. "프루동은 자신의 주요 회상록에서 최종의 목적을 아나키라고 부르면서 천재적인 방식으로 제대로 표현하였다. 물론 아나키는 목적이다. 아나키는 지배 없음, 즉 모든 자기 희생, 모든 자기 소외의 제거, 사회적 인간의 순수한 자기 규정이다."[290] 마르Marr는 프루동처럼 자유를 "안–아르키An-Archie"와 같다고 놓고[291] 이렇게 썼다. "군주제가…… 존립할 수 없다는 것은 저절로 드러난다. 순수한 대의제로 표현되는 과두제는 개인주의의 재판석 앞에서 이론과 역사를 통해서 마찬가지로 유죄로 판명된다. 개인주의는 모두의 지배를 진지하게 받아들여서 한 개인이나 개인들의 지배를 불필요하게 만드는 — 아나키가 되는 — 모두의 지배Omniarchie에서 비로소 그 참된 표현을 드러낸다."[292] 무엇보다 마르는 "권위주의적 공산주의"에 반대하는 자신의 투쟁에서 프루동을 지지하였으며, 나중에 바쿠닌은 이러한 투쟁을 부분적으로 동일한 논리로 마르크스에 대항하여 다시 수용하였다. 특히 1843년 모제스 헤스는 "역사에서의 단절", 프랑스와 독일 사이의 단절을 연결시키기 위해서 "프랑스 공산주의"(프루동을 의미)가 보여주는 "절대적 평등"이라는 측면을 "독일 무신론"이 보여주는 "절대적 자유"라는 측면과 결합하고자 하였다.[293] "아나키를 정치에 불

러냈던 프랑스인과 동일한 아나키를 종교에서 불러냈던 독일인이
이러한 단절을 가져왔다."²⁹⁴

c — 모제스 헤스Moses Hess

프랑스혁명 후 수십 년간 아나키 개념은 모제스 헤스를 통하여 마
지막으로 번성하게 되었다. 그에게는 한쪽으로는 바뵈프와 프루동
의 생각의 기본적 단서들이, 그리고 다른 한쪽으로는 몽테스키외가
그의 독자적인 영지주의적 역사철학과 함께 겹쳐지게 되었다. 다
시금 모든 풍부한 혁명적 및 혁명 이후의 의미 내용이 세상에 나오
게 되었다. 헤스는 한편으로는 확실히 프루동을 넘어서서 모든 권
위와 계급을 지양하는 것으로서 아나키, 그리고 다른 한편으로는
자유의 긍정적 위치로서 아나키를 찾아냈다. "무신론과 공산주의
라는 양쪽의 현상이 되돌아가게끔 아나키는 사회적 삶에서처럼 정
신적인 삶에서 모든 지배의 부정이며, 모든 규정의 단적인 말살로
먼저 나타나며, 이와 함께 모든 현실의 단적인 말살로 나타난다. 그
러나 사실상 단지 외적 규정, 일인의 타인에 대한 지배를 아나키가
지양하는 것이다. 자기 규정은 여기에서 오히려 그(외부로부터 규정
되는 것을 통해서 설정되는) 부정이 다시금 지양되는 것처럼 부정되
지는 않는다. 정신을 통해서 형성된 아나키는 제한의 부정이지 자
유의 부정은 아니다."²⁹⁵ 그는 "……모든 공산주의와 무신론, 모든
아나키……"라고 말하면서 아나키와 동일하게 보았던 이 시대의
위대한, 다시금 화해되어야 하는 힘인 무신론과 공산주의를 아나키

로 환원시켰다. 이에 상응하여 "무신론자, 공산주의자, 아나키스트"가 같은 차원에서 언급되었다. 헤스는 프랑스혁명으로 절대적-역사적 새로운 시작이 제시된 것으로 보았다.

이러한 새로운 시작은 단어사적으로 의미 있는 방식으로 특징화되는 인간의 이전 역사 ―"절대적 종교, 절대적 국가, 군주제, 압제정, 천국과 지상의 폭군과 노예"는 헤스가 사용한 개념들 중의 일부이다[298] ― 를 과거로 만들었다. 이러한 역사에 대조적으로 "새로운 역사"가 등장하게 된다. "개인은 다시금 자신과 함께 시작하고, 그 역사는 기원 1년에서 시작하고, 급속하게 이동하면서 정신의 도약 위에서 추상적 자유의 아나키로부터 노예제를 거쳐서 최후의 순간으로 가는 길을 만들고, 마침내는 실제적 자유에 도달한다."[299] 헤스는 마르크스 이전에 이미 혁명 후의 "추상적 자유의 아나키"를 그 이전의 보다 거친 형태의 아나키로부터 구별한다. "공산주의와 아나키는 또한 당시에도 이를테면 거친 공산주의Bärenkommunismus, 무제한으로서의 자유로 등장했다."[300] 아나키의 역사적 초기 단계는 다시금 "자유주의의 아나키, 테러주의의 아나키, 물질적 관심의 아나키"[301]로 분류되었다. 아나키의 이러한 모든 형식은 역사적으로 시대에 뒤떨어졌다는 것이다. 현재는 혁명적 테러("행동")와 덕성의 종합이라는 세 번째 형식을 추구한다는 것이다. 헤스가 '아나키'를 "외부적 제한을 자기 제한으로, 외부적 신을 내부적 신으로, 물질적 재산을 정신적 자산으로 변형하는 것으로"[302] 규정할 때, 이것은 한편으로는 로베스피에르Robespierre, 바뵈프Babeuf, 생쥐스트Saint-

Just, 다른 한편으로는 몽테스키외Montesquieu, 최종적으로 버크와 고드윈의 종합을 염두에 둔 것이었다. 헤스는 혁명을 넘어서 "덕이 라는 지금까지 알지 못한 상징을 새로운 내용으로 채우기 위하여 인륜성으로 진보할 것을" 요구하였다. 그가 공화국에 속하는 것으로 말한 몽테스키외의 덕이라는 개념과의 연관성은 명확하다. "혁명의 선구자들은 수수께끼의 이러한 해결을 예감하였으며, 몽테스키외는 공화국이 덕이 없다면 불가능하다고 이미 말하였다."[303] 이로써 헤스는 19세기 전반의 아나키 개념을 가장 분명하게 역사화시키고 세분화하였을 뿐만 아니라, 또한 — 프랑스혁명에 대하여 거리를 두면서 — 본질적으로 아나키 개념에 집중된 최근 수십 년 간의 종합을 제시하고자 시도하였다.

3. 1830년 이래 특히 사전적 문헌에 나타난 보수적 및 자유주의적 반응

1830년 이래로, 특히 1848년 이래로 자유주의자·보수주의자·혁명주의자는 아나키와 아나키즘으로부터 거리를 두고자 하였으며, 확고해지는 부르주아 사회의 진행에서 이데올로기적으로 이성적 긍정성의 원리에 정착하고자 시도하였다. 이를 위해서 거의 모든 책임전가의 수단은 정당화되었다. 그리하여 1848년 독일가톨릭연맹 독일국민회의는 "잘못 이해된 자유 개념의 표현이 독일의 많은 지역에서 아나키적 운동을 자극"[304]하였다는 점을 경고하였다. 아나키는 이제 "국가에 대한 범죄, 대역죄, 반란"[305]으로, 또한 "비정상, 사회적 관계의 결함"[306]으로 공공연히 비난받았다. 이 세기의 초엽부터 형성된 이와 같은 평가절하는 확대된 정치체제 개념의 틀 속에서 계획되었다. "정책 방향을 제시하고 실행하는 권력이 중지되거나, 법이 압력을 행사할 수 없을 정도로 권력이 방해받고 추락하기 때문에 아나키는 국가 없는 상태"라는 것이다.[307]

비방 외에도 해명을 위한 노력도 있었다. 역사적으로 "아나키적 상태를 계속 요구하고 질서를 혼란과 바꾸려고" 전혀 원하지 않았을 것 같은 "현명한 다수(중산층)"에 대한 선동적 호소와 마찬가지로 사회 개념적인 책임 소재의 확인도 전개되었다. 이에 비해서 이와 같은 아나키적 상태는 "지식층"과 이들의 "추상적 자유 원리"(블룬칠리Bluntschli)로부터 끊임없이 생명을 가지게 되었다. 물론 가장 "거친, 최하층의 민중"은 "귀족과 성직자 계급"처럼 "아나키의 카오스에서 유리한 것을 얻기 위하여" 아나키를 촉진하였다.[308]

또한 "긍정적" 아나키로 향한 발전은 사전적 문헌에 보인다. 헤르더의 《초기 백과사전Conversations Lexikon》(1854)에는 다음과 같은 말이 있다. "……1848년 이래로 사람들은 '편안한gemühtlich' 아나키를 알게 되었는데, 여기에서는 명령을 해야 하는 사람들이 더 이상 명령을 하지 못하지만 복종에서 벗어난 자들은 자신의 자유를 거친 폭력으로 오용하지 않는다."[309] 그리고 로렌츠 폰 슈타인Lorenz von Stein은 《백과사전》에서 "현재" 항목을 프루동의 이론과 대립시켰다. "프루동적인 작업은 오로지 부정일 뿐이며, 프루동이 말했지만 더 이상 발전되지 않았던 주장인 '아나키, 이것은 지배 없음이며, 공동체의 올바른 방식일 뿐이다'라는 말 이외에는 극복되어야 할 자리에서 다른 대체할 것을 알지 못하였다는 사실이 바로 프루동적 작업 전반의 성격이다. 그의 작업은 순전히 부정적인 문장으로 끝나기 때문에 아마 이런 식의 비판을 하는 것은 불가능할 것이다."[310]

다른 한편으로 국외자 집단의 "부정" 철학, 이들의 국가 및 국가의 관료주의에 대한 비판은 매우 진지하게 받아들여졌다. "그러나 이런 모든 사회주의적이고 공산주의적인 체계는 긍정적인 것을 이끌어내지 못하였고, 할 수도 없지만, 이를테면 '국가라는 틀 바깥의 인간 공동체'로 표현되듯이 인류에 대한 새로운 고찰을 하였다는 공헌을 한다. 이들 체계는 실용적인 정치가처럼 학문을 사회라는 개념으로 인도하였고, 국가의 뿌리가 되는 사회에서 국가라는 존재의 가장 큰 외부적 질서에서조차도 가장 거대한 아나키가 지배할 수 있다는 것을 주지시켰다. ……유럽의 국가들은 오늘날 거의 예외없이 이와 같은 상태로 가는 길목에 서 있으며, 무엇보다 자유주의자의 과오는 이미 이러한 도정의 상당 부분을 후퇴시켰다는 점에 있다. 왜냐하면 자유주의는 국가 상태의 특정한 형태에서 모두의 안녕을 추구하고, 사회적인 형태는 완전히 무시하고 있기 때문이다."[311] 자유주의에 대한 이러한 비판은 유기체의 사상으로부터 본래적으로 포함된 유토피아의 형식으로 나아갔다. "이 때문에 프랑스에서도 혁명과 아나키의 원천이 이와 같은 형식적인 정치적 역학을 통해서 종국을 맞게 되는 것이 아니라, 전체적인 몸체에서 수뇌부 권력의 유도와 분배를 통하여 종국을 맞게 되며, 게르만족의 국가적 성격을 규정하고, 프랑크족 국가의 기초가 되며, 낭만적이고 추상적으로 철학적인 근본원칙을 통하여 배제되었던 관절과 유기체에 대한 참된 개념적 재각성을 통해서 종국을 맞게 된다."[312]

이와 함께 '아나키' 개념은 보수주의자에게 새로운 내용을 가진 것이 아니다. 이 개념은 "좌파"에 대한 방어 도구 중의 하나로서 계속 이용되었지만 근본적으로 열정을 간직하고 있지 않다. '아나키즘'이란 개념이 '아나키스트'에 대조적으로 그 원천을 보수적 진영에 두지 않는다는 사실은 전혀 놀라운 일이 아니다.

코젤렉의
개념사 사전 10
노동과 노동자

Arbeit,
Arbei
ter

V

"당신은 아나키스트들 중에서 결코 제대로 된 자연과학자나 화학자를 찾을 수 없을 것이지만 그렇게 진실되게 흥미와 사랑을 가지고 자연의 성장과 번영을 관찰하고 연구한 자도 찾을 수 없을 것이다. 이와 같은 사람들은 모든 자연과 모든 문화가 점진적·유기적 진화를 바탕으로 한다는 것을 너무나 잘 안다."

CHAPTER V

Chapter

V

1. 아나키즘

● ● ●　　　비록 '아나키즘'과 '아나키스트'라는 개념들이 17
세기[313] 프랑스혁명의 진행 중과 그 이후 수년 동안에("아나르쉬스트
anarchiste") 각각 등장하고, 19세기 초반(크룩Krug, '철학적 아나키즘')에
등장하였지만, 긍정적 자칭 및 부정적인 타칭으로 '아나키스트'는
1830년대 이후에 시작되었고(《베스보트Westbote》), 1840년대에 계속
되었다(프루동 1840년, 《나는 아나키스트이다je suis anarchiste》).[314] 빌헬름
마르Wilhelm Marr는 빌헬름 바이트링Wilhelm Weitling과의 연루로
말미암아 스위스에서 추방된 후에 1844년 이래로 《사회적 삶을 위
한 현재 신문Blätter der Gegenwart für soziales Leben》을 출간했는데, 여
기에 '아나키스트'와 '아나키스트적인anarchistisch'이라는 낱말이 보
다 빈번하게 나타난다.[315]

"아나르쉬슴Anarchisme"은 1866년 《라루스 백과사전Grand Larousse Encyclopedique》에서 "정치체계système politique"로 파악되었다. "아나르쉬슴에 따르면, 사회는 확립된 정부 없이도, 혹은 적어도 중앙정부 없이도 스스로 통치될 수 있다. d'après lequel la sociétépourrait se gouverner sans gouvernement établi, ou du moins sans gouvernement central."[316] 독일에서는 '아나키즘'이란 낱말은 1870~1880년대에야 비로소 통용되었다(슐츠Schulz).[317] 다양하면서도 여전히 연구되지 않았던 아나키즘과 다윈주의에 대한 관계와 1880년 이래로 분명하게 형성된 진화론의 아나키즘에 대한 영향을 비스마르크Bismarck는 로타르 부허Lothar Bucher와의 대화에서 자기 식으로 반영하였다. "당신은 아나키스트들 중에서 결코 제대로 된 자연과학자나 화학자를 찾을 수 없을 것이지만 그렇게 진실되게 흥미와 사랑을 가지고 자연의 성장과 번영을 관찰하고 연구한 자도 찾을 수 없을 것이다. 이와 같은 사람들은 모든 자연과 모든 문화가 점진적·유기적 진화를 바탕으로 한다는 것을 너무나 잘 안다."[318]

마르크스와 엥겔스는 바쿠닌을 부정적으로 부각시키면서 1870년대에야 비로소 보다 자주("소위") "아나키스트와 아나키즘"에 대해서 언급하였다.[319] 슐츠가 파악한 바에 따르면 제1차 국제 아나키스트 대회는 1881년에야 비로소 런던에서 개최되었다. 그 밖에도 막스 슈티르너Max Stirner는 아나키즘적 사상의 선구자로 1892년 이후에야 비로소 프랑스를 통해서 독일에 다시금 알려지게 되었다. 이미 1845년에 출간된 그의 저서 《유일자와 그의 소유Der Einzige *und sein Eigentum*》는 공개적으로는 이미 잊혔다. 비록 '아나키', '아나키스트', '아나키즘'이란 개념이 이 책에 들어있지 않지만 슈티르너는 아나키-노동조합주의적anarcho-syndikalistisch 잡지 《반란*La Révolte*》와 《새로운 시대*Les Temps nouveaux*》, 또한 《르뷔 블랑쉬*Revue blanche*》, 《메르퀴르 드 프랑스*Mercure de France*》, 《르뷔 루주*Revue rouge*》 및 다른 자극적인 잡지에서 "아나키의 철학자"로 칭송되었다.[320] 슈티르너의 높은 평가와 비교하여 프랑스에서 동시대의 루소는 "아나르쉬슴의 진정한 아버지vrai père de l'Anarchisme"가 되었다. "모든 이론이 그의 원칙들로부터 도출되었다toute la théorie se déduit de ses principes."[321]

1860~1870년대에 러시아 아나키즘이 형성되기 시작하는 동안에(나차예프Netschajef, 바쿠닌Bakunin, 크로포트킨Kropotkin), 1870~1880년대에 프랑스(르클뤼Reclus, 카피에로Cafiero, 게랭Ch. Guérin), 스페인(살바도르Salvator, 올러Oller, 비스발Bisbal), 네덜란드(리엔치Rienzi, 크로세트Chroiset, 반 리스Van Rees), 이탈리아(멜리노Merlino, 말라테스타Malatesta),[322] 스위스(기욤므James Guillaume), 미국(터크Tucker, 워렌Warren, 모스트Most)에서 아나키즘 운동의 최초의 흔적이 드러난다. 최근의(파울 엘츠바허Paul Eltzbacher), 그리고 가장 최근의(조지 우드콕George Woodcock, 자스지Oskar Jászi) 문헌에 이러한 다양한 운동을 분류하고자 한 것은 자주 있었지만 가장 인상적인 것은 아마 어빙 호로비츠Irving L. Horowitz의 문헌이다.[323] 호로비츠는 "공리주의적"(고드윈), "온건한" 아나키즘, "아나키-노동조합주의Anarcho-Syndikalismus"(펠

루티에Pelloutier, 라가르델Lagardelle, 소렐Sorel), "집산적kollektivistischen"
(바쿠닌Bakunin, 크로포트킨Kropotkin), "모반적konspiratorischen"(모스트
Most), "공산주의적kommunistischen"(말라테스타Malatesta), "개인주의
적individualistischen"(워렌Warren, 터커Tucker), "평화적pazifistischen"(톨
스토이Tolstoi, 간디Gandhi) 아나키즘을 각각 구별하였다.

2. 1890~1910년의 아나키즘적·사회주의적
마르크스주의

스스로 '아나키즘적'이라고 일컫는 여러 운동이 분류될 수 있지만
국제적 운동으로서 아나키즘과 아나키-노동조합운동의 역사는
1866년 제네바에서 열린 국제노동자협회의 제1차 정식 회의에서
시작한다.[324] 마르크스와 특히 "쥐라연맹Fédération Jurasienne"에 모인
바쿠닌 추종자 사이의 모든 내적 대립에도 불구하고 마르크스는
1872년 "모든 사회주의자는 아나키를 이렇게 이해한다"라고 설명
했다. "일단 프롤레타리아적 운동의 목적인 계급 철폐가 이루어지
면 국가의 지배가 사라진다."[325] 그는 물론 동일한 "개인적 통신"에
서 아나키스트를 인터내셔널의 "분열자"로 표현했다.
　엥겔스와 마르크스는 거의 모든 순간에 아나키즘을 모든 조직의
적, 아나키스트를 "카오스의 친구",[326] 부르주아의 개인주의적 유산
으로 단정짓고, 그들로부터 "실제적 사회주의자"의 모든 특성을 박

탈하고자 노력했다. 특히 카우츠키Kautsky, 투라티Turati, 플레하노프Plechanow는 이점에서 그들을 따랐다.[327] 물론 오스트리아 마르크시즘의 대표적 이론가인 막스 아들러Max Adler는 1922년 후에 사회주의와 아나키즘의 목적과 관련하여서 이들 사이에 아무런 본질적 차이가 없다고 인정하였다.[328]

무엇보다 조직 문제에 관한 마르크스와 바쿠닌 사이의 대립(특히 1864년에서 1872년까지)은 빠뜨릴 수 없다. 물론 역사적 회고에서도 마찬가지이다. 바쿠닌은 1870년에 쓴 저서 《신과 국가Gott und der Staat》에서 명백하게 아래와 같이 표현하였다. "우리는 비록 일반적인 투표권을 통해서 나왔다 할지라도 이런 모든 특권화된, 특허화된, 공적이며 법적인 입법·권위·영향을 한 마디로 거부한다. 왜냐하면 우리는 이들이 단지 지배적이고 착취적인 소수가 엄청나게 노예화된 다수의 이해에 반대쪽일 수 있다는 점을 확신하기 때문이다. 이러한 의미에서 우리는 참으로 아나키스트이다."[329] 이제까지 바쿠닌은 자신을 특징짓는 데 "집산주의자collectiviste", "집산주의collectivisme"라는 표현을 사용하였다. 이미 앞에서 언급한 책의 제목이 보여주듯이, 바쿠닌은 국가의 입법과 부르주아의 질서에 반대할 뿐만 아니라 종교적-교회적 제도화에 대해서도 본질적으로 반대한다. 마르크스주의자와 반대로 러시아 아나키스트들(이를테면 악셀로드Axelrod, 크로포트킨Kropotkin)은 아나키즘이 "민중 속에서 탄생"되었고("born among the people"), 여기에서부터 그 창조적 이념이 얻어진다고 강조한다.[330] "세계 사회주의의 거대한 가족grande

Famille du socialisme universel"이라는 모든 선서에도 불구하고 네덜란드 아나키스트 크루아제Chroiset가 "아나키는 모든 개인이 자유롭게 자신의 모든 능력을 발달시킬 수 있기를 원한다. 그런데 조직은 최종적 결과의 측면에서 개인의 자유를 늘 다소간 제한하게 된다. 따라서 아나키는 모든 항구적 체계에 반대한다"[331]라고 외쳤을 때, 아나키스트와 사회주의자, 마르크스주의자들 사이에서 "조직 문제"에 대해서 항상 벌어지는 긴장은 1907년 아나키스트 회의(암스테르담)에서 보였다. 최근에 특히 제임스 욜James Joll이 제시하였듯이, 스페인 내전에서도 스페인 아나키즘과 아나키-노동조합운동의 공산주의와의 연맹은 본질적으로 조직 문제에서 좌초되었다.[332] 하지만 개념사적으로 더 중요한 것은 '아나키스트'라는 낱말이 1870년대 이래로 부르주아-보수주의 진영에서 나와서 사회주의적-공산주의적 운동, 조합주의적-아나키즘적 운동으로 나아가게 되었고 — 이에 대한 반응으로 — 이로부터 자기 지칭을 위해서 일단 항상 새로운 차별화와 변화가 사용되었다는 점이다. 아나키즘은 이와 함께 19세기 초반 몇 십 년 동안에 여전히 명확한 집단의 이름을 가지지 못한 긍정적인 집단의식의 자기 규정에 이용되었다.[333] 아나키-노동조합주의에 이은 "정치경제학 협회Sociétéd'économie politique"에서 오랜 기간 서기를 한 알퐁스 쿠르투아Alphon Courtois와 수많은 이 시대의 다른 저자들은 이제 "아나르쉬슴 이론théorie de l'anarchisme"을 구성하고자 시도하였다.[334] 이론의 확장과 더불어 '아나키즘' 개념의 끊임없이 확장되는 역동성과 공허함이 다음과

같이 덧붙여졌고, "개인주의Individualisme", "비굴함servilisme", "집단
주의collectivisme", "무신론athéisme", "아나르쉬슴anarchisme"은 연관
성을 가지게 되었다.[335]

프루동과 바쿠닌을 따라서 '아나키즘'의 의미는 점차 "절대적 자
유libertéabsolue"로 협소화되었다. 여기에서 '아나키'는 완전히 운동
및 결정 개념이 되었다. "아나키는 변화에의 항구적 자유'anarchie,
c'est la libertéconstante des changements"[336]에서 미래 사회와 아울러 새
로운 확고한 상태에 도달되었다는 것이다. "오늘의 아나키는 모든
권위, 모든 권력, 모든 국가에 대한 전쟁, 공격이다. 미래 사회에서
아나키는 모든 권위, 모든 권력, 모든 국가의 재확립에 대한 금지,
방어 행위가 될 것이다."[337] 이미 모제스 헤스의 기본적 사고에서 보
이듯이 카피에로Cafiero의 경우에 미리 꿈꾸던 미래의 아나키에서
아나키즘의 개념은 운동 개념에서 정치체제 개념으로 되돌아가게
되었다.

3. 문예적 아나키즘

마르크스주의–사회주의의 틀에서 아나키와 아나키즘 개념의 발전
외에 아나키 사회주의와 아나키 공산주의가 문예적 아나키즘과 —
결국 비정치적 — 아나키 개인주의가 자연주의, 초기 표현주의, 그
리고 마침내 슈르레알리즘과 나름대로 종합화되었다. 물론 과도기

는 일시적인 것이었다. 1880년대 이래로 이미 파리, 빈, 라이프치히, 베를린의 정치 및 예술가 모임에서 '아나키즘'은 완전히 새로운 — 부정적인 것처럼 긍정적으로 — 결합을 가져왔다. 이를 통해서 또한 역사적으로 두 번째 단계의 개념적 확산이 이루어지고, 이는 오늘날까지 전해진다.[338]

'아나키'와 '아나키즘'은 부정적인 것과 마찬가지로 긍정적 운동 개념으로 남아있다. "아나키! 지배 없는 질서, 윤리적 힘으로 자유롭게 된 개인들! 인간성의 원천적인 종교, 미래와 미래인의 신앙적 고백!"[339] 헬무트 크로이처Helmut Kreuzer는 사회적—변두리의 "아나키 보헤미안"만이 예술가를 "반항인l'homme revolté"으로, 문예적 아나키즘을 거의 종교적인 삶의 원리로 파악한다고 지적한다.

베르펠Werfel, 톨러Toller, 하젠클레버Hasenclever, 베허Becher는 문예적 초기 단계에서 아나키스트와 혁명가들을 "영적 파괴주의와 유토피아주의"에서 찬송하였다. "그러면 나의 자유의 노래를 들어보라. 너희 룸펜, 술친구! 익살꾼, 광대! 수음자! 남색가! 물건에 대한 색욕가! 상인, 부르주아, 비행사, 병사! 창녀의 정부, 창녀! 너희 위대한 창녀들이여! 매독병자! 형제, 사람의 아들, 모두여! 일어나라! 일어나라! 나는 그대들을 강렬한 폭동, 가장 작열하는 아나키로 부른다. 지독한 대립에 열광하라, 나는 그대들을 자극한다. 혁명! 혁명가! 아나키스트!"[340]

마찬가지로 문예적—정치적 아나키즘이 심하게 혹평을 받았다. "(국가에 실망한 상당히 정신적인 호사가의 호의적인 희망이라고 심리적으로 보아서야 이해 가능한) 아나키즘은 사실은 가장 반동적인 정치적 강령이며, 파우스트의 승리이며, 거친 폭력의 숭배이며, 광기이다."[341]

4. 엠마 골드만Emma Goldmann

무엇보다 프루동에서처럼 에머슨Emerson과 소로우Thoreau의 영향을 받은 아나키즘 사상가 벤자민 터커Benjamin R. Tucker와 요시아 워렌Josiah Warren[342] 이후 엠마 골드만Emma Goldman(1869~1940)은 미국 아나키즘의 가장 중요한 대표자일 뿐만 아니라 20세기 국제 아나키즘 운동에서도 가장 중요하였다. 터커는 미국 아나키스트들을 일찍이 "단순히 온화한 제퍼슨주의적 민주정주의자"[343]라고 불렀다. 또한 이러한 표현은 엠마 골드만에게서 나왔을 수 있다. 그녀는 영국적 전통과 특히 고드윈의 사상을 수용하면서 아울러 1890년대에 미국에 알려지게 된 슈티르너의 생각을 다시금 수용하였다. "아나키즘은 사람들에게 자신에 대한 의식을 가져다주는 유일한 철학이며…… 개인과 사회적 조화를 위한 두 가지 힘의 중재자이자 조정자이다."[344] 엠마 골드만이 보기에 아나키즘은 인간에게 "생각하고, 탐구하고, 모든 명제들을 분석하도록" 강요한다. 아나키즘은 20세기의 독자적인 혁신의 힘이다. 이 때문에 아나키즘에서 또한 "새로운 사회 질서의 철학"이라는 의미가 주어져야 한다.[345]

하지만 아나키즘은 철학일 뿐만 아니라, 직접적 행동의 안내자이기도 하다. "아나키즘은 직접적 행동을 상징한다."[346] 하지만 이러한 의미는 미국 아나키스트들에게 영향력이 없었다.

코젤렉의
개념사 사전 10

노동과 노동자

**Arbeit,
Arbei
ter**

VI. 전망

오토 마이어Otto Mejer는 폭정과 아나키 "형식은 정치체제가 아니라 정치체제적 혼란"이

라고 말했다. 이 말은 '아나키'나 '아나키즘'과 결합되어서 나오는 부정적 연관 영역이 지

속적으로 확충되었다는 것을 분명히 보여준다.

CHAPTER VI

Ausblick
Ⅵ. 전망

● ● ●　　　　19세기 학계의 문헌에서 처음으로 '아나키'와 '허무주의'의 결합이 발견된다("바쿠닌의 아나키 혹은 오늘날의 허무주의").[347] 또한 이미 로텍Rotteck이 사용한 "혼란"이라는 의미에서 아나키라는 특징은 정치 체제에 관한 정치 문헌에도 사용되었다. 따라서 오토 마이어Otto Mejer는 폭정과 아나키 "형식은 정치체제가 아니라 정치체제적 혼란"이라고 말했다.[348] 이 말은 '아나키'나 '아나키즘'과 결합되어서 나오는 부정적 연관 영역이 지속적으로 확충되었다는 것을 분명히 보여준다.

1870~1880년대의 사전에서 '아나키'는 흔히 "국가의 결여된 통치권력Gewalt des Staates"과 함께 대조되었다.[349] 막스 베버Max Weber는 또한 자신의 《소명으로서의 정치Politik als Beruf》에서 이러한 연관성을 반영하였는데, 여기에서 그는 "국가(통치Gewalt)"와 "아나키"를 대조시켰다.[350] 짐멜Simmel은 자신의 《사회학Soziologie》(1908)에

서 '아나키'를 "뿌리 없음"과 "확고한 삶의 감정의 결여"와 동일시하였다.[351] 그는 이러한 표현으로 이미 19세기 아나키즘의 특징과 만나게 된다. 급진적 지식인의 기반 상실, 지식인의 실존적 불확실성. 1918년 이후에 '아나키' 개념의 소진, 그 임의성과 혼동 가능성을 게오르크 짐멜은 그라펜 카이저링Grafen Keyserling에게 보내는 마지막 편지 중의 하나에서 명백하게 보여주었다. "저런 모든 개별성에는…… 확고함이 바로 경직성, 고정성, 고루함과 같다. 그 본질은 순수한 동요이며, 공허함의 충족, 자극의 최대화, 지적 광채가 언제나 유혹하는 곳으로 저항 없이 흘러가며, 이러한 가치의 동일화를 요구한다. 이 모든 것에서 나는 다음과 같은 인상을 받는다. 이들은 모두 다른 쪽에 설 수 있다. 이들이 반동적인지 혹은 혁명적인지, 자유로운 정신인지 혹은 가톨릭적인지, 권위적인지 혹은 아나키적이 되는지는 결국 상황에 좌우되지 내부에서부터의 필연이 아니다."[352]

20세기 고도로 발전한 서구 산업사회의 정치적 언어에서 '아나키', '아나키스트', '아나키즘'은 계속 사용되었다. 하지만 이들은 1920년대 이후에, 아나키스와 공산주의적 마르크스주의자의 마지막의 큰 대립 이래로 공허해졌고, 그 이전의 기능은 계속하여 상실되었다.

마르크스주의적−공산주의적 언어권에서 '아나키'와 '아나키즘'은 물론 마르크스가 부각한 의미에서 체계화되어서 현재까지 계속 이용되었다. 빌헬름 슐츠Wilhelm Schulz가 처음으로 사용하고, 마르크스와 엥겔스로부터 수용된 '생산의 아나키'라는 개념은 마르크스-레닌적 조어造語의 확고한 구성 부분이 되었다. "생산의 아나키는 사회적 생산과 사유재산화된 선점 사이에서 자본주의의 근본 모순이라는 영향의 토대 위에서 자본주의적 생산에서 등장하는 법칙적이며, 피할 수 없는 무계획성이다."[353]

'아나키즘'은 "모든 국가 조직을 거부하는 소부르주아적, 반마르크스주의적 이데올로기로 정의"되었다. '아나키즘'과 '아나키스트'는 조직 내부의 기존 질서에 대한 공격을 방어하기 위해 이용되었듯이, 다른 계급의 적을 비방하기 위해서 이용되었다. 물론 이들 개념은 여기에서도 공허해졌다. 마르크스주의적 언어가 20년대에도 여전히 가지고 있던 다채로움과 차별화하는 힘은[355] 상실되었다. 이 개념들은 동구에서처럼 서구에서 방어 개념으로 실제로 조작적으로 사용되었다.

1950~1960년대 아나키스트의 추종자인 다니엘 괴링Daniel Guérin,[356] 막스 노마드Max Nomad,[357] 호로비츠I. L. Horowitz[358]는 '아나키'와 '아나키즘'을 퇴색되고, 어의가 악화된 개념의 의미로 표현하는 것을 포기하고 역사적으로 기술하였다. 물론 괴링이 적절하게 언급한 슈티르너의 "아나키즘적 개인주의"와 프루동, 모제스 헤스, 바쿠닌의 "사회적 아나키즘"의 구별은 현재의 저항운동에서 결실을 맺고 있는 것으로 보인다. 이를 통해서 정치화되고 문예화되는 아나키-개인주의의 전통에 대한 어떤 다른 해석이 가능할 것이다.

하지만 일반적으로 '아나키', '아나키적', '아나키스트', '아나키즘', '아나키즘적'은 오늘날 경제와 사회의 확립된 조직체계에 대한 "방해"와 동일시된다.[359]

읽어두기

주석과 참고문헌에 사용된 독어 약어 설명

abgedr.(abgedruckt) = 인쇄된, 활자화된

Anm.(Anmerkung) = 주註

Art.(Artikel) = (사전 따위의) 항목, (법률의) 조條

Aufl.(Auflage) = (책의) 판(초판, 재판 등의)

Ausg.(Ausgabe) = (책의) 판(함부르크판, 프랑크푸르트판 등의)

Bd.(Band) = (책의) 권

Bde.(Bäde) = (책의) 권들

ders.(derselbe) = 같은 사람[저자](남자)

dies.(dieselbe) = 같은 사람[저자](여자)

Diss.(Dissertation) = 박사학위 논문

ebd.(ebenda) = 같은 곳, 같은 책

f.(folgende) = (표시된 쪽수의) 바로 다음 쪽

ff.(folgenden) = (표시된 쪽수의) 바로 다음 쪽들

hg. v. ⋯(herausgegeben von⋯) = ⋯에 의해 편찬된(간행자, 편자 표시)

Mschr.(Maschinenschrift) = (정식 출판본이 아닌) 타자본

Ndr.(Neudruck) = 신판新版, 재인쇄

o.(oben) = 위에서, 위의

o. J.(ohne Jahresangabe) = 연도 표시 없음

s.(siehe!) = 보라!, 참조!

s.v.(sub voce) = ⋯라는 표제하에

u.(unten) = 아래에서, 아래의

v.(von) = ⋯⋯의, ⋯⋯에 의하여

vgl.(vergleiche!) = 비교하라!, 참조!

z. B.(zum Beispiel) = 예컨대, 예를 들자면

zit.(zitiert) = (⋯⋯에 따라) 재인용되었음

참고문헌

Georg Adler, *Geschichte des Sozialismus und Kommunismus von Plato bis zur Gegenwart* (Leipzig 1899)

같은 이, "Anarchismus", *Hwb. d. Staatswiss.*, 3. Aufl., Bd. 1 (1909), 444면 이하.

James Joll, *The Anarchists* (London 1964; dt. Frankfurt, Berlin 1966)

Max Nettlau, *Bibliographie de l'anarchie* (Brüssel, Paris 1897)

같은 이, *Der Vorfrühling der Anarchie. Ihre historische Entwicklung von den Anfängen bis zum Jahre 1864* (Berlin 1925)

같은 이, *Der Anarchismus von Proudhon zu Kropotkin. Seine historische Entwicklung in den Jahren 1859~1880* (Berlin 1927)

U. Dierse, "Anarchie, Anarchismus", *Hist. Wb. d. Philos.*, *Bd. 1* (1971), 267면 이하.

페터 크리스티안 루츠

주석

[1] *OED* vol. 1 (1933), 307이하 면; Littré t. 1 (Ausg. 1956), 408 참조.

[2] Schulz/Basler Bd. 1 (1913), 33 참고.

[3] Homer, 11. B 703. 726.

[4] 예를 들면 *Herodot 9*, 23,2; *Xenophon*, Anab. 3, 2, 19에서 이렇게 사용되었다. "부대의 규율이 없음"이란 의미는 *Thukydides 6*, 72, 3면 이하에서 사용되었다. 같은 의미에서 "무질서τaξίa"가 사용된다. 그 반대는 "질서εύτaξίa"이며, 모든 것은 "규율에 따라서κaτá κόσμον" 진행된다.

[5] Aristoteles, *Athen.Pol.* 13,1; 같은 이, *Pol.* 1272 b 12; *Xenophon*, Hell. 2, 3,1. 정확하게 같은 의미로 Aristoteles, Pol. 1272 b 8: "κοσμίa"는 "Kosmoi(크레타 최고 관리)"가 없는 상태를 지칭한다. Rom: Dionys von Halikabnass, Antiqu. Rom. 9, 69, 1; Cassius Dio, Historiarum Romanorum quae supersunt, ed. Urs Philipp Boisseva in, t. 1 (Berlin 1895), 11 aus Joannes Antiochenus.

[6] 소포클레스의 《안티고네*Antigone*》 v. 672의 유명한 잠언에 이런 말이 있다."아나르키아(지배자 없음, 불복종)보다 더 큰 악은 없다. νaρχίaς δὲ μεῖξον oύκ ἔδ τι κaκόν". 반대어: "권위의 지배πειθaρχίa"; Antiphon, *Die Fragmente der Vorsokratiker*, Hermann Dieis, Walther Kranz 편집, 12판 Bd. 2 (Berlin, Zürich 1966), 365, 87 B 61면에서 인용. 이와 유사한 말은 이미 Aischylos, *Septem* 1030 에 보인다.

[7] Aischylos, *Agam.* 883; EURIPIDES, Hec. 607; Iph. Aul. 914.

[8] Aischylos, *Eum.* 525. 696. 주목할 것은 이 경고가 한 번은 "과거의 권력"인 에리네스Erinyen인과 한 번은 새로운 권력인 아테네인들에게 향하였다는 점이다.

[9] Platon, *Pol.* 558 c; 562 e; 563 a. b. c; 562 d; 563 d; 561 d. 이상적인 것은 항

상 통치하는 자와 연관된 삶을 사는 것이며, 어려서부터 통치하는 것과 통치받

도록 하는 것을 훈련하는 것이다. "ναρχία"는 인간의 모든 삶에서 그리고 인간

과 함께 사는 동물로부터 제거되어야 한다. 같은 이, *Nom.* 942 a. c.

[10] 같은 이, *Pol.* 562 c.

[11] 같은 곳, 560 e.

[12] 같은 곳, 575 a.

[13] Aristoteles, *Pol.* 1317 b 13; 1310 a 31; 1319 b 29. *Platon*, 1'01. 560 e 참조: 이
들은 "아나키를 자유"라고 불렀다.

[14] Tukydides 2, 37, 2; 7, 69, 2 Isokrates, *Panath.* 131. 아마도 이미 아이스퀼로스
는 Eum. 530 E.에서 비슷한 바람이나 요구에 대해서 대답했을 것이다. 전체적
으로는 Gustav Grossmann, *Politische Schlagwörter aus der Zeit des Peloponnesischen
Krieges* (Phil. Diss. Basel 1950), 79 이하 면 참조.

[15] Aristoteles, *Pol.* 1317 b 15.

[16] 같은 곳, 1319 b 28; 1313 b 33 참조. 여기에서 마찬가지로 "여성이 가정을 지
배한다"는 표현이 있다.

[17] 같은 이, *Pol.* 1302 b 28. 31.

[18] Platon, *Leg.* 712 e; 832 c.

[19] Isokrates, Paneg. 39. 아리스토텔레스의 동물에 관한 이론과 상응한다: *Zool.*
488a 11. 13; 553 b 17.

[20] Christian Meier, "Drei Bemerkungen zur Vor−und Frühgeschichte des Begriffs
Demokratie", in : *Discordia concors*, Fschr. Edgar Bonjour, Bd. 1 (Basel 1968), 7;
같은 이, *Entstehung des Begriffs* "*Demokratie*" (Frankfurt 1970), 15면 이하.

[21] 특히 Anonymos Jamblichi 7, 12, Diehls/Kranz, *Fragmente*, Bd. 2, 404,16(5번
주를 보라).

[22] Platon, *Pol.* 563 e; 564 a.

[23] 그 증거는 여기에서 상세히 다루지 않는다; Grossmann, *Schlagwörter* 참조 (13번

주를 보라). "μειοία"에 대해서는 Anonymos Jamblichi 7, 9 (20번 주를 보라), 그리고 Michael Rostovtzeff, *Gesellschafts—und Wirtschaftsgeschichte der hellenistischen Welt*, Bd. 3 (Darmstadt 1962), 1317. 1440을 보라.

[24] Philon von Alexandria, *De somniis* 2, 154. 289. 같은 이, 열등한 자가 강한 자를 공격하는 법이다*Quod det. potiori insid. soleat*. 141 참조.

[25] 같은 이, *De agricultura* 45이하 면; *De somniis* 2, 286이하 면.

[26] 같은 이, *De somniis* 2, 289, 154.

[27] 같은 이, *De agricultura* 45이하 면; *Quod omnis probus liber sit* 45; *De decalog.* 155 및 여러 곳.

[28] 같은 이, *De agricultura* 45. Thomas Alan Sinclair, *A History of Greek Political Thought*, 2nd. ed. (London 1967), 298이하 면 302.

[29] Philon von Alexandria, *De decalog.* 155.

[30] 최초의 주창자는 Georg Adler, *Geschichte des Sozialismus und Kommunismus von Plato bis zur Gegenwart* (Leipzig 1899), 46면 이하. 또한 같은 이, "Anarchismus", *Hwb. d. Staatswiss.*, 3. Aufl., Bd. 1 (1909), 444면 이하 비교. 이와 관련해서 Max Nettllui, Der Vorfrühling der Anarchie (Berlin 1925), 12면 이하. 아울러 Oscar Jászi, "Anarchism", *Encyclopaedia of the Social Sciences*, vol. 2 (Now York 1930), 47. 아울러 *Enc. Britannica*, 11th ed., vol. 1 (1910), 914이하 면.

[31] TLL. 3 (1931) 참고. *Mittellateinische Wörterbuch bis zum ausgehenden 13. Jahrhundert*, Bd. 1 (München 1959/67), 616면은 "anarchia"를 ""Turnus"에서 변화하는 지배"라고 번역하고 (Aristoteles, *Pol.* 1319 b와 관련해) Albertus Magnuis, Pol. 6, 4 e, p 587 b, 10: "est anarchia circularis principatus, dicta ab a va, quod est circum, et αρχη, quod est principatus아나르키아는 떠도는 지배를 말한다. 이 말은 ava는 주변을 감싸는 뜻의 circum과 지배를 뜻하는 αρχη의 합성어이다 "를 인용한다.

[32] Rudolf Treumann, *Die Monarchomachen. Eine Darstellung der revolutionären*

Staatslehren des 16. Jahrhunderts (phil. Diss. Heidelberg; Leipzig 1895), 18면 이하.

33 토마스 아퀴나스는 그리스 원전이 아닌 빌헬름 폰 뫼르베케스Wilhelm von Moerbekes의 아리스토텔레스 번역을 이용하였다. 이 번역에서 아리스토텔레스의 *Pol.* 1302b가 "anarchia"라는 개념을 포함하지 않고 *Pol.* 1319 b에서 라틴어로 "노예들의 무정부 상태anarchia servorum"로 제시되었다. 하지만 토마스 아퀴나스는 이 표현을 자신의 해석에서 수용하지 않았다.

34 Philipp Dietz, *Wörterbuch zu Dr. Martin Luthers Schriften*, Bd. 1 (Leipzig 1870).

35 이 말은 노만 콘의 경우 재산과 세금을 반대하고 도시의 파괴를 주장하며, 1420년경에 세계적인 아나키-공산주의적 질서 수립의 계획을 세웠던 뵈멘Böhmen의 급진적 후스파Taboriten의 아나키-공산주의에 대한 묘사에도 적용된다. Norman Cohn, *Das Ringen um das Tausendjährige Reich* (Bern, München 1961), 36; James Joll, *Die Anarchisten* (Berlin 1966), 13면 이하.

36 Raoul Allier, *Les anarchistes du moyen âge, Rev. de Paris*, 15. 8. 1894에 따라서 Treumann, *Monarchomachen*, 45면 이하는 13세기 이후로 "자유로운 정신의 형제들"이 아나키즘적인 이론의 틀 속에서 전제군주의 살해에 관한 주장을 했다는 검증 불가능한 주장을 제시하였다. 아울러 페터 첼치츠기Peter Cheltschizki도 후스Hus 후계자들에게서 아나키 개념을 확인할 수 없다고 한다. Carl Vogl, *Peter Cheltschizki. Ein Prophet an der Wende der Zeiten* (Zürich, Leipzig 1926) 참고.

37 *Nouveau dictionnaire étymologique et historique*, éd. Albert Dauzat, Jean Dubois, Henri Mitterand (Paris 1964), 32.

38 "Anarchie est quant l'on franchist aucuns serfs et met en grans offices"; Nikolaus von Oresme, *Dictionnaire général de la langue française*, éd. Adolphe Hatzfeld, Arsène Darmesteter, Antoine Thomas, t. 1 (Paris 1904), 93면에서 인용. 니콜라우스 폰 오레스메Nikolaus von Oresme는 또한 아리스토텔레스의 라틴어판을 프랑스어로 번역하였으며, 라틴어적인 개념을 프랑스어로 옮겼다. Richard Koebner, *Despot and Despotism: Vicissitudes of a Political Term, Journal of the Warburg and*

Courtauld Institutes 14 (1951), 275면 이하. 특히 284이하 면. 또한 Furetière 3eéd., t. 1 (1708), o. S.; t. 1 (Ausg. 1721), 383면에는 "anarchie"에 대해서 다음과 같이 정의한다: "참다운 '주인'이 없거나 혹은 차라리 주인 자체가 아예 없는 국가, 따라서 각자가 자신의 환상에 따라 살면서 법률에 대한 어떤 존중도 없는 국가Etat qui n'a point de Chef véritable; ou plutôt qui n'en a point du tout, et où chacun vit à sa fantaisie, et sans aucun respect pour les loix."

[39] Francis Bacon, *The Advancement of Learning* (1605; Ndr. London 1960), 229; *OED* vol. 1(1933), 307이하 면 참고.

[40] '아나키'란 단어는 Joh. Christian Wächtler, *Commodes Manual oder Handbuch* (Leipzig 1709)에 나온다. 물론 *Nehring*(1710), 40면은 라틴어에서 이 표현을 차용하여서 "갈리아어Gall. 아나르쉬anarchie"라고 첨가하였다.

[41] "폴리티카" 항목 내에서 아나키를 다룬 알스테드Alsted는 확실히 예외적이지만 오직 다음과 같이 정의하였을 뿐이다: "아나르키아는 거대한 악이다anarchia est magnum malum"; Alsted 3. Aufl., Bd. 3 (1649), 219. 또한 Micraelius 2. Aufl. (1662; Ndr. 1966),113면에서 첨가한 자신의 정의를 참고하라: "아나르키아는 전제정보다 더 큰 악이다Majus est malum, quam tyranni."

[42] Niccolò Machiavelli, *Vom Staate*, *Ges. Schr.*, hg. v. Hahns Floerke, Bd. 1 (München 1925), 12.

[43] 같은 곳, 14이하 면.

[44] Jean Bodin, *Les six livres de la république* 6, 5 (1583; Ndr. Aalen 1961), 975.

[45] Jean Bodin, *Methodus ad facilem historiarum cognitionem* (1650; Ndr. Aalen 1967), 283.

[46] 같은 곳, 157. 159. 라틴화된 형태인 'anarchia'는 이 글의 훨씬 뒷부분에 처음 등장한다. 같은 곳, 283.

[47] 같은 이, Rep. 6, 5 (S. 975이하 면).

[48] Johannes Althusius, *Politica*, c. 18 (3. Aufl. 1614; Ndr. Aalen 1961), 284.

[49] Keckermann(1614), 421; 마찬가지로 Micraelius (Anm. 41 참조).

[50] Keckermann(1614), 421이하 면.

[51] 같은 곳, 421.

[52] 같은 곳, 559.

[53] 국가법 교재인 Heinrich Frh. v. Cocceji, *Juris publici prudentia*(Frankfurt/Oder 1695)에서 아나키가 취급되지 않았다. 지배 형태나 지배의 타락 형태로서 아나키에 대한 지적은 또한 Veit Ludwig von Seckendorff, *Teutscher Fürstenstaat*, 3. Aufl. (Frankfurt 1665), Samuel von Pufendorf, *De statu imperii Germanici* (Genf 1667)에도 없다. 또한 Kurt Zielenziger, *Die alten deutschen Kameralisten. Ein Beitrag zur Geschichte der Nationalökonomie und zum Problem des MerKantilismus* (Jena 1914)도 참고하라. 이 책에서 다룬 저자들에게도 아나키가 마찬가지로 중요하게 취급되지 않았다.

[54] Thomas Hobbes, *Leviathan* 2, 19. Works, vol. 3 (1839), 171; 같은 이, *Philosophical Rudiments Concerning Government and Society*, 같은 곳, vol. 2 (1841),93 참고: "왜냐하면 명칭을 부여함으로써 사람들은 사물 그 자체를 지칭할 뿐만 아니라 자신의 사랑, 증오, 분노와 같은 감정을 부여한다. 따라서 누가 민주정이라 부르는 것을 다른 사람은 아나키라 부르는 일이 일어난다."

[55] 전문용어로 이 개념은 스피노자(1670)에게도 보이는데, 그는 "아나르키아의 시대anarchiae tempora"에 대해서 말하였다. *Tractatus theologico-politicus, Opera*, ed. Carl Hermann Bruder, t. 3 (Leipzig 1846), 143.

[56] 무신론의 기괴함에 대해서는 "a quo nihil praeter Anarchiam universalem atque eversionem Societatis humanae exepectari potest 이로부터 인간 사회를 전체적으로 전복하는 아나르키아 이외에 다른 어떤 것도 예상될 수 있는 없을 것이다." Leibniz an G. Spitel,10./20. 2. 1670, AA R. 1, Bd. 1 (1923), 85이하 면 참고.

[57] 언급된 편지에 대한 55번 주의 해석에 대해서 Werner Conze, *Leibniz als Historiker* (Berlin 1951), 48이하 면 참고. 영어권에서 아주 비슷하게 Ralph

Cudworth, *The True Intellectual System of the Universe* (1678; Ndr. Stuttgart 1964), 319면에서는 '아나키스트anarchist'란 말에 대한 가장 최초의 사용이 확인된다: "다음과 같이…… 이집트인들은 보편적으로 무신론자이며 아나키스트이며…… 모든 의미없는 것Sensless Matter을 시원적이고 최고의 원리로 바꾼다.'"아나키즘'이란 말의 영어권의 최초 사용은 그보다 앞서서 에드워드 데링Edward Dering(1642)과 토마스 블룬트Thomas Blount(1656)에게서 발견된다. OED vol. 1 (1933), 307 참고.

[58] John Milton, *Paradise Lost*, book 10, v. 282면 이하., ed. R.E.C. Houghton (Oxford 1969). "영원한 아나키"란 용어의 전거는 존슨Johnson (Ausg. 1854), 49면에서 확인된다.

[59] 사전 문헌에서 전거가 없다는 것은 물론 의미가 없지 않다. 다음의 사전에는 '아나키'가 표제화되지 않았다: Joh. Friedrich Gleditsch(Verleger), *Allgemeines Oeconomisches Lexicon* (Leipzig 1731); BAYLE 5e éd., t. 1 (1740); Hermann Bd. 1(1739) ; Zincke 2. Aufl. (1744) ; Jablonski 2. Aufl. (1748) ; Wohlm. *Unterricht* (1755); Halle Bd. 2 (1780), 703면 이하.

[60] Hübner 8. Aufl. (1717), 90.

[61] Moreri 18e éd., t. 1 (1750), 400. 초판(1674)에서 모레리Moreri는 '아나키'를 등재하지 않았다.

[62] *Encyclopédie*, t. 1 (1751), 407. Chambers vol. 1 (Ausg. 1750)의 경우도 아주 유사하다. "아나키는 국가에 정부가 결핍되었으며, 여기에는 군주나 통치자로서 최고의 권력이 없다. 많은 사람들이 구속 없이 살 뿐이며, 모든 일이 혼란스럽다." 이러한 초기의 정의는 *Enc. Britannica*, 3rd ed. (1797) u. 5th ed. (1810)에 이어진다.

[63] Koebner, *Despot and Despotism*, 288 (37번 주를 보라) 참고.

[64] 볼크나Volkna(Ausg. 1762) 44면의 "'압제적despotique'("이 단어는 어떤 법도 인정하지 않는 하나의 절대권력 혹은 차라리 자의적 권력을 의미한다 ce mot signifie

un pouvoir absolu, ou plûtôt arbitraire, ne réconnoissant aucunes loix")에 관한 정의는 아나키를 규정하는 데에서 그 유사성을 분명하게 보여준다. 물론 Albert Lortholary, *Le mirage russe en France au XVIIIe siècle* (Paris 1951), 135면이 18세기에는 "despotisme"이란 단어의 "정확한" 의미를 확인할 수 없다는 점을 적절하게 지적한다. 또한 '폭군'과 '압제정'은 Robert Derathé, "Les philosophes et le despotisme", in: *Utopie et institutions au XVIIIe siècle*. Textes, éd. Pierre Francastel (Paris, Den Haag1963), 57면 이하. 쾨브네르Koebner와 데라테Derathé가 아나키 개념과 연결점이 없음을 지적한 것은 고려할 만하다.

[65] François de Fénélon, *Examen de conscience sur les devoirs de la royauté* (1734), *Ecrits et lettres politiques*, éd. Charles Urbain (Paris 1920), 95.

[66] *Encyclopédie*, t. 1 (1751), 407. 독일에서 Joh. Bernhard Basedow, *Practische Philosophie für alle Stände*, 2. Aufl., Bd. 2 (Dessau 1777), 200면에서도 비슷하다. "……국가의 변화, 아나키, 혹은 폭정."

[67] Jeremy Bentham, *An Introduction to the Principles of Morals and Legislation*, ed. Wilfried Harrison (1823; Ndr. Oxford 1948), 130.

[68] Morelly, *Le naufrage des îles flottantes ou la Basiliade du célèbre Pilpä* (1753), Richard N. Coe, *Morelly. Ein Rationalist auf dem Wege zum Sozialismus* (Berlin 1961), 210면에서 인용.

[69] G. Th. F. Raynal, *Histoire du parlement d'Angleterre* (1748), Lortholary, *Mirage*, 339 (63번 주를 보라)에서 인용.

[70] Jean Le Rond d'Alembert, *Essai sur les éléments de philosophie* (1805; Ndr. Hildesheim 1965), 203. 달랑베르처럼 디드로도 비록 다음과 같은 인용에서처럼 "자연적 아나키"를 국법보다 더 높이 분류하기는 하지만 '아나키'에 대한 다른 사람의 이해를 긍정적으로 평가하지 않았다. Denis Diderot, *Supplément au voyage de Bougainville* (um1775)", Oeuvres compl., éd. J. Assézat, t. 2 (Paris 1875), 247: "자연적 아나키 상태에서는 일 년이 가도 깨지지 않았던 것이 (사회

라는 기계의 용수철 안에서의) 적법한 상태에서는 하루도 안 가서 깨져버렸다. il s'en rompit plus dans un jour, sous l'état de législation, qu'il ne s'en rompait en un an sous l'anarchie de nature."

71 Voltaire, *Essai sur les moeurs et l'esprit des nations depuis Charlemagne* jusqu'*à nos jours* (1756), Collection complette des oeuvres, t. 3 (London 1770), 342.

72 E. V. Walter, "Policies of Violence : From Montesquieu to the Terrorists", in: *The Critical Spirit. Essays in Honor of Herbert Marcuse*, ed. Kun H. Wolef U. a. (Boston 1967), 121면 이하.

73 Montesquieu, *De l'esprit des lois 8*, 2. Oeuvres compl., t. 2 (1951), 351. 또한 그의 "Pensées"를 참고. "모든 개개 시민들이 당파의 우두머리가 되는 혼란 혹은 문제 상황이라면, 어떻게 우리가 —이 경우 그런 상태로부터 저절로 생겨나는 정부 곧 전제정, 혹은 정부의 사유화에 불과한 정부 곧 아나키가 아니라면 — 하나의 정부를 확립할 수 있겠는가? Dans de certains troubles et confusions où chaque citoyen est chef de parti, comment peut-on asseoir un gouvernement, à moins que ce ne soit celui qui s'établit pour ainsi dire, de lui-même: qui est le tyrannique; ou celui qui n'est que la privation du gouvernement; qui est l'anarchique?"; *Oeuvres compl.*, t. 1 (1949), 1430. 아울러 같은 곳, 1467: "아나키는 자연법에 반하는 것이다. l'anarchie est contraire au Droit naturel."

74 Joh. Heilar. Gottlieb V. Justi, *Natur und Wesen der Staaten als die Quelle aller Regierungswissenschaften und Gesetze* (Mitau 1771), 143. 또한 클뤼겔klügel도 "압제정적 정부 형태"를 거부하면서, 군주제, 귀족정, 민주정의 혼합 형태를 촉구한다. Bd. 3(1784), 34면 이하.

75 Justi, *Staatswirthschaft oder Systematische Abhandlung aller ökonomischen und Cameral—Wissenschaften*, 2. Aufl., Bd. 1 (Leipzig 1758), 36면 이하. 유스티와 비슷하게 몽테스키외의 영향은 중우정, 과두정, 전제정을 민주정, 귀족정, "royauté"의 타락한 형태로 본 루소에게도 발견된다. 같은 맥락에서 루소는 아나키를 국가와 정부가 사라진 형태로 말한다. *Contrat social 3*, 10.

[76] Justi, "Abhandlung vom Wesen des Adels", in : 같은 이, *Gesammelte Politische und Finanzschriften über wichtige Gegenstände der Staatskunst, der Kriegswissenschaften und des Cameral- und Finanzwesens*, Bd. 1 (Kopenhagen, Leipzig 1761), 159.

[77] Krünitz Bd. 9 (1776), 123.

[78] Jakob Friedr. Frh. v. Bielfeld, *Institutions politiques*, t. 1 (Den Haag 1760), 24이 하 면.

[79] 무엇보다도 Robert Derathé, *Les philosophes et le despotisme* (63번 주를 보라) 참고.

[80] "압제자tyran", "압제정/전제정치gouvernement tyrannique"란 개념을 매개로 하고 "왕roi"과 "압제자tyran"에 대한 논구를 통해서 Jean Meslier는 프랑스의 절대국가를 비판했다. *Le testament*, éd. Rudolf Charles, t. 2 (Amsterdam 1864), 270면 이하. 비록 그가 '아나키' 개념을 사용하지는 않았지만 아나키즘의 역사기술에서 항상 최초의 아나키스트 중의 한 명으로 지칭되었다. 이러한 해석에 대해서 반대자는 Maurice Dommanget, *Le curé Mealier. Athée, communiste et révolutionnaire sous Louis XIV* (Paris 1965), 특히 331면 이하.

[81] Sperander (1728), 34. 이는 Schweser (Ausg. 1768), 22면과 어구적으로 일치한다.

[82] Zedler Bd. 2 (1732), 56. *Enc. Britannica*, 3rd. ed., vol. 1 (1797), 654면에서 역사적으로 구체적인 사례가 제시된다. "아나키는 혼란 뒤에 군주제가 수립되기 전에 지배적인 것으로 생각된다. 우리는 아나키가 특히 아프리카나 아메리카와 같은 여러 지역에서 존재하는 것으로 확인한다…… 유대인의 역사는 수많은 아나키의 사례를 보여준다."

[83] Raynal, *Histoire philosophique et politique des établissements et du commerce des Européens dans les deux Indes*, t. 10 (Genf 1781), 84. Claude Adrien Helvétius는 "intérêts nationaux"에 대해서 언급한다; *De l'homme, de ses facultés intellectuelles et de son éducation* (1772), Oeuvres compl., t. 4 (London 1781), 95.

[84] Voltaire, *Questions sur l'encyclopédie par des amateurs, Collection des oeuvres*, t. 46 (1776), 164 (s. Anm 71).

85 Moses Mendelssohn, *Über die Frage: Was heißt aufklären?* (1784), Ges. Schr., Bd. 3 (1843), 403.

86 Wilh. Ludwig Wekhrlin, *Über die Sottisen des Tages. Ein Gelegenheitsstück, Das graue Ungeheuer 5* (1785), 350.

87 Voltaire, *Essai sur les moeurs et l'esprit des nations*, 238 (70번 주를 보라); 같은 이, *Histoire du parlement de Paris* (1773), Collection des oeuvres, t. 36 (1773), 9 이하 면 참고.

88 G. B. de Mably, *Observations sur l'histoire de France 2*, 5. Oeuvres compl., t. 2 (Paris o. J.), 322.

89 이에 대해서 Carl L. Becker, *The Heavenly City of the Eighteenth-Century Philosophers* (New Haven, London 1932; Ndr. 1965), 71면 이하 참조.

90 비록 Nehring(1710)이 봉건제의 여러 양식을 상세하게 기술하였지만, '봉건적 아나키'라는 개념은 등장하지 않는다. 또한 Loebel Bd. 2 (1797), 22이하 면. 110면은 비록 봉건제에 대해서 비판적인 입장을 표명하지만 '봉건적 아나키'라는 개념을 사용하지 않았다.

91 Friedr. Carl Frh. V. Moser, *Politische Wahrheiten*, 2 Bde. (Zürich 1796), 여러 곳; Joh. Jacob/Friedr. Carl Frh. V. Moser, *Freie Worte aus der Zeit des Absolutismus des 18. Jahrhunders* (München 1912), 66이하 면 참조. 여기에 대해서 Fritz Valjavec, *Die Entstehung der politischen Strömungen in Deutschland*, 1770~1815 (München 1951), 45.

92 Christian Daniel Voss, *Handbuch der allgemeinen Staatswissenschaft nach Schlözers Grundriß bearbeitet*, Bd. 2/1 (Leipzig 1797), 52.

93 Christian Garve, SW Bd. 5 (Breslau 1801), 409, Anm.

94 Justi, Staatswirthschaft, Bd. 2, 404 (74번 주를 보라).

95 무엇보다도 Joh. Jacob Moser, *Von der Teutschen Unterthanen Rechten und Pflichten* (Frankfurt, Leipzig 1774); Anselmus Rabiosus[즉 Wekhrlin], *Reise durch*

Oberdeutschland (Salzburg, Leipzig 1778) 참고.

96 Anmerkungen über Schlossers Brief politischen Inhalts [in dieser Zs. 1785], Journal von u. für Deutschland 3/1 (1786), 300면 이하., bes. 305. Ferner: [Ernst Ferdinand Klein], Rez. v. Nachricht von den Schlosserscheu Briefen über die Gesetzgebung überhaupt und den Entwurf des Preußischen Gesetzbuchs insbesondere[Frankfurt 1789], Annalen d. Ge Setzgebung u. Rechtsgelehrsamkeit in den Preuß. Staaten 4 (1789), 326면 이하., bes. 327.

97 Isaak Iselin, *Schinznach oder über die Anfänge der bürgerlichen Weisheit, Vermischte Schr.*, Bd. 1 (Zürich 1770), 267.

98 Otto Brunner, "'Feudalismus'. Ein Beitrag zur Begriffsgeschichte", in: 같은 이, *Neue Wege der Verfassungs- und Sozialgeschichte*, 2. Aufl. (Göttingen 1968), 128 면 이하., 특히 140면 이하.; Eberhard Weis, *Geschichtsschreibung und Staatsauffassung in der französischen Enzyklopädie* (Wiesbaden 1956), 38면 이하. 또한 Ernst-Wolfgang Böckenförde, *Die deutsche verfassungsgeschichtliche Forschung im 19. Jahrhundert* (Berlin 1961), 90면에서 바이스Weis에 따라서 그는 '봉건적 폭정'과 '봉건적 아나키'라는 개념을 동일한 맥락에서 제기하였다.

99 Montesquieu, *De l'esprit des lois* 30, 2. 이러한 의미에서 그는 "아나키, 즉 질서와 조화로 향하는 경향을 갖는 아나키로 향하는 경향을 갖는 규칙들을 만들어냈던 봉건 법률 lois féodales......, qui ont produit la règle avec une inclination à l'anarchie, et l'anarchie avec une tendence à l'ordre et à l'harmonie"에 대하여 말한다. 같은 곳. 30, 1.Oeuvres compl., t. 2, 883.

100 Weis, *Enzyklopädie*, 33면 이하 참고.

101 Gottlieb Hufeland, *Über den Werth und Nutzen der Geschichte des Mittelalters. Eine Vorlesung, Der Teutsche Merkur* 3 (1788), 8면 이하., 특히 26.

102 같은 곳.

103 Jacob Benignus Bossuet, *Einleitung in die Geschichte der Welt und der Religion,*

fortgesetzt V. Joh. Andreas Cramer, 2. Aufl., Bd. 3 (Leipzig 1761), 211.

[104] Moses Mendelssohn, "Abhandlung über die Evidenz in metaphysischen Wissenschaften", Ges. Schr., Bd. 2 (1843), 31. 또한 비란트Wieland의 부록 참고. "Die Regierungskunst oder Unterricht eines alten Persischen Monarchen an seinen Sohn. Nach dem Englischen", Der Teutsche Merkur 2 (1773), 167면 이하, 특히 177:"자유 없이 철학하기란 전혀 철학을 하지 않는 것보다 약간 더 나쁘다는 것은 아마 사실일 것이다."

[105] Scheidemantel Bd. 1 (1782), 138. 106.

[106] Bodin, Methodus, 158 (44번 주를 보라).

[107] Scheidemantel Bd. 1, 138. 이러한 구별은 분명히 Daries에게서 나온 것이다. 그는 보댕의 경우와 유사하게 "imperium"의 도입을 통해서 비로소 "불평등 사회societas inaequalis"가 되는 "평등 사회societas aequalis"를 "아나르키아anarchia"로 정의하였다; Otto v. Gierke, Johannes Althusius und die Entwicklung der naturrechtlichen Staatstheorien (1880; Ndr. Aalen 1968), 104, Anm. 76에서 인용.

[108] Dt. Enc., Bd. 1 (1778), 465.

[109] Adeliing 2. Aufl., Bd. 1 (1793), 267.

[110] Dt. Enc., Bd. 1, 465.

[111] Justi, "Ob ein Premierminister einem Staate zuträglich sei," Ges. Polit. u. Finanzschr., Bd. 1 (1761), 236이하 면.

[112] Scheidemantel Bd. 1, 138.

[113] Brockhaus 2. Aufl., Bd. 1 (1814), 190.

[114] "아나키" 항목은 로텍/벨커의 Staats-Lexikons 2, 3판에 변경없이 계속 실렸다 (Bd.1, 1845 u. 1856).

[115] Rotteck, Anarchie, Rotteck/Welcker Bd. 1 (1834), 548.

[116] 같은 곳.

[117] Welcker, Art. "Alodium und Feudum", Rotteck/Welcke 3. Aufl., Bd. 1 (1856),

446. 마찬가지로 벨커가 작성한 "중세" 항목에서 '아나키'는 사용되지 않았다.

[118] Welcker, "Alodium und Feudum", 447.

[119] 같은 곳, 451.

[120] 1852년에 여전히 Gustav Diezel, *Deutschland und die abendländische Civilisation* (Stuttgart 1852), 184면에서 독일 군주가 자신의 "자유를 매우 무질서한 아나키 적 방식"으로 파악한다고 말하는 데에서도 '봉건 아나키'라는 개념이 보인다.

[121] Rotteck, "Anarchie", *Rotteck/Welcker* Bd. 1 (1834), 546.

[122] 같은 곳.

[123] 같은 곳, 547.

[124] 같은 곳.

[125] Rotteck, "Anarchie", *Ersch/Gruber* 1. Sect. Bd. 3 (1819), 468.

[126] Rotteck, "Anarchie", *Rotteck/Welcker* Bd 1 (1834), 547.

[127] Rotteck, "Anarchie", *Ersch/Gruber* 1. Sect. Bd. 3 (1819), 468이하 면.

[128] Rotteck, "Anarchie", *Rotteck/Welcker* Bd 1 (1834), 547.

[129] 같은 곳, 550.

[130] H. G. De. Mirabeau, *Collection complette des travaux*, éd. Etienne Méjan, t. 5 (Paris 1792), 402이하 면. 또 다른 전거는 Brunot t. 9 (1937), 828, Anm. 2; Frey (1925), 153면 참고.

[131] Jean Dubois, *Le vocabulaire politique et social en France de 1869 à 1872* (Paris 1962), 66면 이하에서 증명되듯이 이것은 1869년부터 유효하지는 않다.

[132] "아나키와 무질서", "아나키와 파괴"와 같은 일반적으로 사용되는 결합 외에도 이를테면 "아나키와 굶주림"이 연결된다(Campe 1789); "고난과 아나키의 시대 temps de trouble et d'anarchie", "아나키 학파école d'anarchie", "권력의 아나키 상태 anarchie des pouvoirs"(Pamphlet 1791); "아나키를 통한 자유의 말살"("Minerva" 1791); "아나키적 약탈과 살인"(Kersaint 1792); "아나키라는 히드라'hydre de l' anarchie"(Vaublanc 1792);"아나키와 공포anarchie et la terreur"("Courrier Républicain"

1795); "아나키의 잔혹"(Wieland 1795, 마찬가지로 Schiller); "참된 아나키", "종교적 아나키의 상태"(Novalis 1799); "완전한 아나키", "정치적 아나키", "파멸적인 아나키"(Krug 1800 내지 1802); "아나키와 시민전쟁"(Schlegel 1805~1806); "토지 소유자의 아나키"(C. J. Kraus 1808); "당파적 이익 추구와 아나키"(Goethe 1810 "자기 이익 추구와 압제"); "위대한 독일 아나키"(Arndt 1815); "철저한 아나키"(Schlegel 1820~1823); "혼란스러운 아나키anarchie turbulente"(De Tracy 1823); "평민의 아나키"(Rixner 1823); "개념의 아나키", "아나키의 의미와 정신", "불안한 자유와 아나키에 대한 경향"(그리스인의 경우), "거친 민중의 아나키", "불안한 자유와 아나키", "밑으로부터의 아나키, 위로부터의 아나키"(Schlegel 1827); "무법적 아나키"(Gutzkow 1839); "산업의 아나키anarchie industrielle"(Proudhon 1840); "생산의 아나키"(Schulz 1843); "자유주의의 아나키", "테러주의의 아나키", "물질적 이해의 아나키"(Hess 1843); "질서 있는 아나키"(Ruge 1849).

[133] Vincent-Marie Comte de Vaublanc-Viénnot(1756~1845)는 1791년 입헌주의자 계열에 속했으며 지롱드당의 반대자이고, 나중에 나폴레옹의 열광적 지지자였다.

[134] Vaublanc, Wieland, *Das Versprechen der Sicherheit, Freiheit und Gleichheit* (2. 4. 1792), SW Bd. 31 (1857), 179에서 재인용. 또한 연설의 발췌문은 Joh. Wilhelm. V. Archenholz, "Historische Nachrichten vom neuem Frankreich", *Minerva 2* (1792), 376면 이하에 나온 것을 참고. 1972년에 마찬가지로 "아나키적 강도와 살인에 종지부를 찍을 것" Kersaint는 국민의회에 요구하였다; Wieland, *Die französische Republik* (1792), AA 1. Abt., Bd. 15 (1930), 122 A에서 인용.

[135] Delaunay, *Rede* v. 2. 10. 1792, Wieland, Franz. Republik, 556에서 인용.

[136] Levasseur는 두 번 "공안위원회Comité de Salut Public"에서 위원으로 뽑혔고, 포괄적인 전권을 가지게 되었다. KPaul Käal, *Genesis des historischen Materialismus* (Wien, Frankfurt, Zürich 1965), 186면 이하 참고.

137 Levasseur, Mémoires (1829/31), Kiwi, Genesis, 188면에서 인용.

138 François Noël Babeuf, *Brief an Germain vom 10. Thermidor des Jahres 3* (28. Juli 1795), Ausg. Schr., hg. v. G. u. C. Wieland (Berlin 1956), 111. 혁명을 통해서 제약된 "참된 생산자인" 노동자의 곤궁이 여기에서 생각되어졌다. 바뵈프Babeuf 의 태도에 대한 역사적 고찰을 통해서 Alfred Espinas, *La philosophie sociale du XVIIIe siècle et la Révolution* (Paris 1898), 210면은 Babeuf에 대해서 하나의 "직업 혁명가의 특수한 유형type particulier du révolutionaire professionel"으로 말하고 그가 1789년에 "점차로 아나키와 독재de plus en plus...... à l'anarchie et à la dictature"에 도달했다고 말한다.

139 Filippo Michele Buonarroti, *Babeuf und die Verschwörung für die Gleichheit* (1828), dt. v. Anna u. Wilhelm Blos (Stuttgart 1908), 315. 마찬가지로 Edinburgh Rev. 17 (1819), 427면에서 말했다. "아나키는 언어에서 가장 막연하고 모호한 낱말 중 하나이다. 전제주의의 옹호자들이 사용하는 방식에 따르면 이것은 모든 정부의 궁극적 와해를 주장하며 또한 모든 정부와 절대적 권력 사이에서 중간 단계를 의미한다. 그들은 가능하면 이것을 강력하게 비난하며, 더 이상 비난할 수 없을 정도이며, 이 악한 것들이 정부를 무너지게 만든다. 그들은 이것을 아나키 라고 부른다.

140 Wieland, "Unparteyische Betrachtungen über die dermalige Staats—Revolution" in *Beitrag zur Berichtigung der Urteile des Publikums über die Französische Frankreich*(1790), AA 1. Abt., Bd. 15 (1930), 346.

141 Delaunay(134번 주를 보라)의 연설에서 나온 발췌에 대한 언급에서 그는 이를 테면 다음과 같이 덧붙였다. "4년이란 순간은 긴 순간이라는 것을 솔직히 고백 하자!" 코스쿨Koskull은 1791년 초반 프랑스혁명에 대한 비란트의 입장의 변화 를 1월에 출판된 글 "Ausführliche Darstellung der in der französischen Nationalversammlung am 26. und 27. November 1790 vorgefallenen Debatten" (AA 1. Abt., Bd. 15, 655면 이하)에서 날짜로 표시하였다. Harald V. Koskull,

Wielands Aufsätze über die französische Revolution(phil. Diss. München; Riga 1901), 39면 이하.

[142] Fichte, *Beitrag über Berichtigung der Urteile des Publikums über die Französische Revolution* (1793), AA 1. Abt., Bd. 1 (1964), 237. 268.

[143] Georg Forster, *Ansichten vom Niederrhein* (1790), Sämtl. Schr., Bd. 3 (1843), 267.

[144] Max Braubach, Vorwort zu: Joseph Görres, Ges. Schr., Bd. 1 (1928), 21면 이하 참고.

[145] Görres, "Der allgemeine Frieden, ein Ideal" (1797), 같은 곳, 29.

[146] 같은 곳, 29이하 면.

[147] Görres, *Mein Glaubensbekenntnis* (1798), 같은 곳, 195. '아나키'라는 말에 대해서 괴레스는 ― 이러한 긍정적 의미의 아나키가 아직은 정착되지 않았다고 지적하면서 ― 다음과 같은 주석을 덧붙였다. "사람들이 나를 오해하지 말기를!"

[148] 같은 곳, 196.

[149] Novalis, *Das allgemeine Brouillon* (1798~1799), Schriften, 2. Aufl., Bd. 3 (1968), 280이하 면.

[150] Friedrich Schlegel, *Philosophische Vorlesungen* 1800~1807, SW Bd. 12 (1964), 84.

[151] Ernst Moritz Arndt, *Über den deutschen Studentenstaat* (1815), Werke, Bd.13 (1908), 275면 이하.

[152] Kant, *Kritik der reinen Vernunft, Vorrede* (1781), AA Bd. 4 (1903), B. 또한 같은 이, *Zum ewigen Frieden* (1795), 같은 곳, Bd. 8 (1912), 341면 이하 참고. 여기에서 칸트는 아나키―폭정―모형을 외형적 국가체제와 관련해 사용하였다.

[153] Kant, *Anthropologie in pragmatischer Hinsicht* (1798), AA Bd. 7 (1907), 330이하 면. 이에 대해서 *Kants handschriftlichen Nachlaß*, AA Bd. 15 (1913), 647이하 면 참고. 아울러 *Die philosophischen Hauptvorlesungen Immanuel Kants*, hg. v.

Arnold Kowalewski (München, Leipzig 1924), 372.

154 F. Schlegel, *Vorlesungen über Universalgeschichte* (Wintersemester 1805/06), SW Bd. 14 (1960), 232. 같은 곳, 255면 참고.

155 같은 이, *Versuche über den Begriff des Republikanismus* (1796), SW Bd. 7 (1966), 25.

156 Joh. Erich V. Berger, *Die Angelegenheiten des Tages* (Schleswig 1795), 65. 또한 Georg Friedrich Rebmann, *Vollständige Geschichte meiner Verfolgungen und meiner Leiden* (Amsterdam 1796), 160. "⋯⋯나는 낯선 땅, 아마 압제정이나 아나키의 용병들의 싸움 속에서 죽게 될 것이다." 이와 유사한 말은 프랑스에서 "Sylvain Maréchal"의 *Dictionnaire des Athés anciens et modernes* (Paris 1796), 독일어판 서명: *Was ist ein Atheist?* (Leipzig o. J.)의 서언, 10면에 있다.

157 'Betrachtungen über die Rede des Boetie und über die Alleinherrschaft', *Der neue Teutsche Merkur* 2 (1793), 241.

158 Joh. Erich V. Berger, 'Über Volks−Eigenthümlichkeit und den Gegensatz zwischen den mehrern Völkern', *Kieler Blätter 2* (1816), 31.

159 Wilhelm Traugott Krug, *Das Repräsentativsystem, oder Ursprung und Geist der stellvertretenden Verfassungen* (Leipzig 1816), 34.

160 Clemens Theodor Perthes, *Friedrich Perthes Leben nach dessen schriftlichen und mündlichen Mitteilungen*, 4. Aufl., Bd. 3 (Gotha 1857), 305.

161 Friedrich Ludwig Jahn, *Runenblätter* (1814), Werke, hg. v. Carl Euler, Bd. 1 (Hof 1884),408. Vgl.K. H. Scheidler, "Gewalt, sprachlich," *Ersch/Gruber* 1. Sect.,Bd. 65 (1857), 308.

162 Voss, *Handbuch*, Bd. 2/1, 51 이하 면. (91번 주를 보라).

163 "Les monarchistes sont bien dans le cas de disputer d'amour pour Louis XVI avec des traîtres, de vils anarchistes" *Grands Remerciements aux Jacobins*, 28. 2. 1791. Theodor Ranft, *Der Einfluß der französischen Revolution auf den Wortschatz der*

französischen Sprache (phil. Diss. Gießen; Darmstadt 1908), 137에서 인용; 이에 관해서는 Frey (1925), 152. 참고. Friedrich Seiler, *Die Entwicklung der deutschen Kultur im Spiegel des deutschen Lehnworts*, 2. Aufl., Bd. 4 (Halle 1925), 116: "아마도 이 낱말['아나키'와 '아나키스트']은 1881년 런던에서 열린 최초의 아나키스트 회의 이후에 우리에게 통용되었을 것이다."

[164] Feldmann (1911/12), 248 이하 면.

[165] 자코뱅 당원 스스로는 이를 비판에 대한 방어 개념으로 인식하였고, 그들의 자기이해 속에서 '아나키스트'와 '아나키즘'이란 개념을 긍정적으로 사용하는 전환을 준비하였다: "뢰더레 씨는 위원회의 의견에 동의하지 않는 '협회'의 모든 구성원은 아나키스트, 반란자, 공화주의자라고 불릴 준비를 해야 할 것이라고 말했다. M. Roederer dit que tous les membres de cette Société qui ne pensent pas comme les Comités doivent s'attendre à être appelés anarchistes, factieux, républicanistes"; "헌법의 친구들 협회Société amis de la constitution"의 1791년 7월 8일 회의, *La société des Jacobins.Recueil de documents pour l'histoire du Club des Jacobins de Paris*, éd. François Alphonse Aulard, t. 2. (Paris 1891), 598면에서 인용.

[166] Feldmann, 248면에서 보고됨.

[167] *Archives parlementaires*, 16~17. Jan. 1793, Frey, 152면에서 인용.

[168] 1794년 4월 15일 국민의회 회합에서 Saint-Just Frey (1925), 152면에서 인용.

[169] 1792년 10월 24일 Jacques Pierre Brissots, *Manifest* "A tous les républicains de France, sur la société des Jacobins"는 Brunot t. 10/1 (1939), 51면에서 평가되었다. 1804년의 "아나키스트와 애국자anarchistes et patriotes"의 조합에 대해서 Brunot t. 9/2 (1937), 912면은 인정한다.

[170] Jean François La Harpe, *Du fanatisme dans la langue révolutionnaire* (Paris 1797), 106.

[171] *Journal de débats*, 13. floréal an VI, Brunot t. 9/2 (1937), 847면에서 인용. 브루노의 다음과 같은 말은 적절하다. "테러리스트들에 대해 가해진 이러한 혹평

은 너무나도 부당한 말이다. Rien n'est plus loin d'une définition que cette diatribe contre les terroristes".

172 Wieland, *Göttergespräch* 12, SW Bd. 31 (1857), 477. 이 대화에 설정된 날은 1793년 1월 21일이며, 이날은 루이 16세가 처형된 날이다. Ladendorf (1906), 5 이하 면의 지적에 Kluge/Mrrzxa 18. Aufl. (1960), 21면을 참조하라.

173 1794년 10월 31일 Ferdinand Beneke의 일기. Valjavec, *Politische Strömungen*, 449 (90번 주를 보라)에서 인용.

174 또한 Kluge/Mitzka 18. Aufl. (1960), 21면.

175 Görres, "Anzeiger zum rothen Blatt (1798), *Ges. Schr.*, Bd. 1 (1928), 145.

176 Görres, "Rede, gehalten am l0ten Messidor 7ten Jahres im Dekadentempel zu Koblenz", *Ges.Schr.*, Bd. 1, 527.

177 F. Schlegel, *Vorlesungen über Universalgeschichte*, Sw Bd. 14 (1960), 218이하 면. 같은 곳에서 그는 재세례파 사람들을 "열정적인 아나키스트"라고 지칭하였다.

178 프랑스의 경우: "아나키스트 과격파faction des anarchistes" (1795), Frey (1925), 152면에서 인용; "les anarchistes" (1797), Brunot t. 9/2, 835면 인용. ─독일의 경우:(1813년 경) 레오폴트 V. 게르라흐Leopold v. Gerlach는 세 가지 당파들을 구별하였는데, 이들은 귀족정주의자, 민주정주의자, 그리고 "아나키스트당"인 데, 이 당의 추종자들은 "학생, 박사, 책 판매상"들이며, "이들은 자기네들이 세 상에서 어떻게 보이는지를 모르고, 모든 것으로부터 벗어나 있다는 것을 모른 다." *Denkwürdigkeiten aus dem Leben Leopold von Gerlachs*, hg. v. seiner Tochter, Bd. 1/2 (Berlin 1891/92), 9.

179 물론 나폴레옹 시대의 프랑스에서 "자코뱅주의적 아나키스트jacobin-anarchiste" 라는 낱말의 형성에 대해서도 지적되어야 한다. 프리드리히 루드비히 얀 Friedrich Ludwig Jahn(Stuttgart 1881), 230면에 의하면 칼 오일러Carl Euler가 전하 듯이 얀과 마찬가지로 샤른호르스트도 "자코뱅주의적 아나키스트jacobin-anarchiste"로 지칭되었다. 19세기 초기의 어떤 사전에도 "아나르쉬스트anarchiste"

내지는 '아나키스트'가 등재되지 않았음은 이러한 지칭이 자코뱅 당원을 지칭하는 데 사용되었다는 것을 암시한다. 이들에 대한 설명은 "아나키 당원partisan de l'anarchie"이라고 되어 있다 — Dict. Ac. franç., t. 1 (1811), 59 — 혹은 이 말을 1813년 처음으로 수용한 캄페Campe에서처럼 다음과 같은 뜻이다. "무법적, 방종적" Campe, *Fremdwb.*, 2. Aufl. (1813), 109.

180 August Beckers, *Geheimbericht an Metternich* (1847): *Geschichte des religiösen und atheistischen Frühsozialismus*, hg. v. Ernst Barnikol (Kiel 1932), 28.

181 "Idéologiste"는 처음에는 Bernardin de Saint-Pierre, *Harmonie de la nature*에서 나타났다. 1796년 Destutt de Tracy는 "idéologie"를 처음으로 사용하였다. Brunot t. 9/2 (1937), 847면에서 인용.

182 이를테면 Karl Salomo Zachariä, *Über die vollkommenste Staats-Verfassung* (Leipzig 1800), 14면 이하를 보라. 차카리아는 '지배 형태Herrschaftsformen'라는 말 대신 '통치 형태Beherrschungsformen'라는 말을 한다.

183 Marguerite Élie Guadet, Rede v. 20. 2. 1792, Archenholz, "Hist. Nachrichten", *Minerva 2* (1792), 3면에서 인용 (s. Anm 134).

184 Anm. 141면 참고.

185 Wieland, *SW* Bd. 31 (1857), 177. 179 (133번 주를 보라).

186 Joh. Georg Schlosser, *Von den Staats-Reformen. Über eine Stelle des Aristotles, Kl. Schr.*, 2. Aufl., Bd. 4 (Basel, Frankfurt 1794), 268.

187 "Betrachtungen über Aufruhr und bürgerliche Unruhen", *Der Neue Teutsche Merkur 3* (1794), 293.

188 Hegel, *Die Verfassung des Deutschen Reichs*, hg. v. Georg Mollat (Stuttgart 1935), 1.

189 같은 곳, 66.

190 Hegel, *Vorlesungen über die Philosophie der Geschichte*, SW Bd. 11 (1928), 546면. 같은 이, *Beurteilung der im Druck erschienenen Verhandlungen in der Versammlung*

der Landstände des Königreichs Württemberg im Jahre 1815 und 1816 (1817), SW Bd. 6 (1927), 349면 이하 참고.

191 Hegel, *Verfassung*, 25이하 면.

192 같은 곳, 120이하 면.

193 Friedrich August V. D. Marwitz, *Ein märkischer Edelmann im Zeitalter der Befreiungskriege*, hg. v. Friedrich Meusel, Bd. 2/2 (Berlin 1913), 88.

194 Friedrich V. Gentz, *Staatsschriften und Briefe*, hg. v. Hans v. Eckardt, Bd. 2 (München 1921), 26면 이하.

195 같은 곳, 27이하 면.

196 Metternich, Alfred Stern, *Geschichte Europas seit den Verträgen von 1815 bis zum Frankfurter Frieden von 1871*, Bd. 4 (Stuttgart, Berlin 1905), 208면에서 인용.

197 Metternich, 같은 곳, 386. 407면 인용.

198 "Politisch-philosophische Gespräche", *Der neue Teutsche Merkur 3* (1790), 205.

199 Edmund Burke, "Das Recht der Völker, ihre Staatsverfassungen willkürlich abzuändern", 같은 곳 3 (1791), 258. 버크의 말은 다음과 같은 주제이다. "프랑스혁명을 반성하면서 관련된, 의회에서 후에 이루어진 논의의 결과로 신파로부터 구파 휘그당에 대한 호소" (London 1791).

200 "Rancennes"에서 La Fayettes의 1792년 4월 30일 연설, Archenholz, "Hist. Nachrichten", *Minerva 3* (1792), H 13, 142 (133번 주를 보라)에서 인용.

201 Archenholz, "Politische Betrachtungen über die neuesten Vorfälle in Frankreich", *Minerva 3* (1792), H. 14, 389.

202 Rotteck, "Anarchie", *Rotteck/Welcker* Bd. 1 (1834), 549.

203 1795년 부활절에 예나에서 발발한 학생 소요를 기화로 피히테에 대한 이러한 공격은 "그리스도적 독일에서 일종의 공개적 이성적 종교의 가르침을 수립하려는 실패로 끝난 시도"라는 제목으로 실렸다. Max Braubach, Die *"Eudämonia"* (1795~1798). *Ein Beitrag zur deutschen Publizistik im Zeitalter der Aufklärung*

und der Revolution, Hist. Jb. 47(1927), 321이하 면.

[204] Wieland, *Gespräche unter vier Augen* (1798), SW Bd. 32 (1857), 166. 137. 163.

[205] Görres, *Der allgemeine Frieden*, 21 (145번 주를 보라). 같은 이, *Anzeiger zum rothen Blatt*, 77 (175번 주를 보라) 참고. "한 팔로 우리는 귀족정에 투쟁하고, 다른 팔로는 "Clischy"*의 괴물을 파악하고, 그밖에 아나키가 우리로부터 추종자를 발견하더라도 항거하도록 충분한 힘을 가져야 한다."

[206] Poultier, Archenholz, "Beiträge zur Geschichte der wieder aufgestandenen Jacobiner", *Minerva 3* (1799), 552면에서 인용.

[207] Friedrich v. Gentz, "Fragmente aus der neuesten Geschichte des politischen Gleichgewichts in Europa (1806)", *Staatsschr. u. Briefe*, Bd. 1 (1921), 154 (194번 주를 보라).

[208] 같은 이, "Über das Wartburgfest" (1817/18), 같은 곳, Bd. 2, 35.

[209] "Gentz an Metternich", Wien, 3. 6. 1819, 같은 곳, Bd. 2, 157.

[210] 같은 곳, 110.

[211] Franz v. Baader, "Über die Freiheit der Intelligenz". *Antrittsrede bei Eröffnung der Ludwig-Maximilians-Universität in München* (1826), SW Bd. 1/1 (1851), 146.

[212] Kant, Kritik der reinen Vernunft, Vorrede (1781), AA Bd. 4 (1903), B. 또한 "형이상학의 아나키"에 대해서 언급한 빌헬름 딜타이|Wilhelm Dilthey를 참고하라. "Weltanschauungslehre", *Ges. Schr.*, hg. v. Bernhard Groethuysen, Bd. 8 (Leipzig, Berlin 1931), 254.

[213] Gottfr Immanuel Wenzel, *Vollständiger Lehrbegriff der gesamten Philosophie, dem Bedürfnisse der Zeit gemäß eingerichtet*, Bd. 3 (Linz, Leipzig 1804), 534.

[214] W. T. Krug, *Entwurf eines Neuen Organon's der Philosophie oder Versuch über die*

*[옮긴이] Clischy : 메로빙거 왕조의 거주지.

Prinzipien der philosophischen Erkenntnis (Meißen, Lübben 1801), 16.

215 같은 이, *Fundamentalphilosophie oder urwissenschaftliche Grundlehre*, 2. Aufl.
(Jülichau, Freistadt 1819), 273.

216 같은 이, *Über die verschiedenen Methoden des Philosophierens und die verschiedenen*
Systeme der Philosophie in Rücksicht ihrer allgemeinen Gültigkeit (Meißen 1802), 16
면 이하. 다른 전거: 같은 이, *System der praktischen Philosophie*, Bd. 3 (Wien
1819), 303.

217 Krug 2. Aufl., Bd. 1 (1832), 134.

218 C. Chr. E. Schmid, *Versuch einer Moralphilosophie*, 4. Aufl., Bd. 1 (Jena 1802),
253.

219 Novalis, *Philosophische Studien aus dem Jahre 1795/96* (Fichte-Studien),
Schriften, 2. Aufl., Bd. 2 (1965), 288이하 면. 같은 이, *Das allgemeine Brouillon*,
173(147번 주를 보라).

220 같은 이, *Die Christenheit oder Europa* (1799), Schriften, 2. Aufl., Bd. 3 (1968),
517.

221 F. Schlegel, *Vorlesungen*, 219 (177번 주를 보라).

222 Hegel, *Phänomenologie des Geistes*, SW Bd. 2 (1927), 458.

223 Goethe, *Tag- und Jahreshefte zu 1794*, HA Bd. 10 (1959), 443.

224 F. Schlegel, *Über das Studium der griechischen Poesie (1797)*, Kritische Schr., hg. v.
Wolfdietrich Rasch (München o. J.), 115. 20세기에 프란츠 쾨르너Franz Körner
는 체계의 다양성으로서 철학적 아나키를 비슷하게 긍정적으로 평가했다. *Die*
Anarchie der philosophischen Systeme (Leipzig 1929), 8.

225 Goethe, *Geschichte der Farbenlehre* (1808), HA Bd. 14 (1960), 42. 이와 반대로
Schiller, *Über die notwendigen Grenzen beim Gebrauch schöner Formen*(1793/95),
SA Bd. 12/2 (o.J.), 121면 이하 참고.

226 Heinrich Heine, *Ideen. Das Buch Legrand* (1826), SW Bd. 3/2 (o. J.), 159. 하

이네의 묘사는 1811년 11월 초 뒤셀도르프에서 나폴레옹의 체류와 관계된다.

227 Karl Gutzkow, *Aus den Briefen eines Narren an eine Närrin* (1832), GW Bd.3 (Frankfurt 1845), 46.

228 Heinrich, Laube, *Das Neue Jahrhundert*, Bd. 2 (Fürth 1833), 298.

229 Walter Dietze, *Junges Deutschland und deutsche Klassik*, 3. Aufl. (Berlin 1962), 182.

230 테오도르 문트Theodor Mundt에 대한 비판이 그러하였다. Gutzkow, *Vergangenheit und Gegenwart* (1839), Werke, hg. v. Reinhold Gensel, Bd. 8 (Berlin, Leipzig o. J.), 113.

231 Gutzkow, *Die Ritter vom Geiste*, Bd. 2 (Berlin, Leipzig o. J.), 271.

232 Ludolf Wienbarg, *Ästhetische Feldzüge* (1834), hg. v. Walter Dietze (Berlin, Weimar 1964), 70.

233 Gutzkow, *Vom Baum der Erkenntnis. Denksprüche* (1852/68), Werke, Bd. 12 (o. J.), 61.

234 Karl Rosenkranz, *Die Poesie und ihre Geschichte. Eine Entwicklung der poetischen Ideale der Völker* (Königsberg 1855), 668. 675.

235 Richard Wagner, "Einleitung zum 3. und 4. Bande", *Ges. Schr. u. Dichtungen*, 4. Aufl., Bd. 3 (Leipzig 1907), 6이하 면. 토마스 카알라일Thomas Carlyle은 "보편적 인류의 '아나키', '비정부'라는 신념과 실천에로의 급속한 확산을" 선포한다. *History of Friedrich II of Prussia called Frederick the Great*, Works, vol. 19/8 (London 1898), 2.

236 Eichendorff, *Die geistliche Poesie in Deutschland*, SW Bd. 8 (1961), 136.

237 André Chénier, "Über die neuesten Intrigen der französischen Demagogen", *Minerva 3* (1792), H. 13, 17.

238 Franz v. Baader, *Berichtigung des öffentlichen Urteils über den naturrechtlichen Grund gegen die Aufhebung der Zünfte* (1801), SW Bd. 6/2 (1854), 6.

[239] Karl Grün, *Die soziale Bewegung in Frankreich und Belgien, Briefe und Studien* (Darmstadt 1845), 163이하 면.

[240] Marx/Engels, *Kommunistisches Manifest*, MEW Bd. 4 (1959), 485. Marx, *Lohnarbeit und Kapital*, MEW Bd. 6 (1959), 397면 이하 참고. 엥겔스Engels의 사용 사례는 *Die Entwicklung des Sozialismus von der Utopie zur Wissenschaft* (1877), MEW Bd.19 (1962), 189에 처음 나타난다: "생산에 지배적인 아나키; 사회적 생산의 아나키", 같은 곳, 223. 227. "사회에서 생산의 아나키", 같은 곳, 215이하 면. 마르크스와 엥겔스가 '아나키' 개념을 많이 사용하지 않았다는 것은 특히 마르크스가 프루동과 대립하였고, 엥겔스가 고드윈Godwin 의 "정치적 정의Political Justice"를 일찍이 알고 있었다는 점에서 특이하다(1845년 3월 17일 마르크스에 대한 그의 편지 참고).

[241] Wilhelm Schulz, *Die Bewegung der Produktion. Eine geschichtlich-statistische Abhandlung zur Grundlegung einer neuen Wissenschaft des Staats und der Gesellschaft* (Zürich, Winterthur 1843), 63. Karl Mielcke, *Deutscher Frühsozialismus. Gesellschaft und Geschichte in den Schriften von Weitling und Hess*(Stuttgart, Berlin 1931), 49면에서 또한 빌헬름 바이틀링은 "생산의 아나키"를 언급한다.

[242] Schulz, *Bewegung*, 116. 153. 172이하 면. 150. 173. 116.

[243] 또한 사용 사례가 없는 것도 주목할 가치가 있다 — 이는 '아나키'가 독일어 연구가들에게 독일어가 아니라 항상 단지 외국어로 간주되고 있다는 점을 암시한다. 캄페Campe는 비록 자신은 이 낱말을 이미 1789년 사용했음에도 1791년 '아나키'를 자신의 "독일 언어의 확충 시도Versuche deutscher Sprachbereicherung"에서 수용하지 않았다. *Briefe aus Paris*, hg. v. Helmut König (Berlin 1961), 244. 이에 따르면 그는 이 낱말을 사실 자신의 외국어 사전에 수용했지만(1801; 244번 주를 보라), 자신의 《독일언어사전*Wörterbuch der deutschen Sprache*》 (Campe Bd. 1, 1807)에는 등재하지 않았다. 같은 이유로 '아나키'는 Heynatz Bd. 1

(1795); Grimm Bd. 1 (1854); Lorenz Diefenbach/Ernst Wülcker, *Hoch- und niederdeutsches Wörterbuch der mittleren und neueren Zeit*(Basel, Leipzig, Frankfurt 1885)에 등재되지 않았다. 또한 이 낱말은 물론 Heynatz, *Antibarbarus*, Bd. 1 (1796)에 포함되지 않았다. ― 철학 분야에서 '아나키' 개념의 현저하게 잦은 사용에도 이 개념은 Karl Heinr. Ludw. Pölitz, *Encyklopädie der gesammten philosophischen Wissenschaften* (Leipzig 1808)에서 다루어지지 않았지만 George Samuel Albert Mellin, *Allgemeines Wörterbuch der Philosophie*, Bd. 1(Magdeburg 1806), 179면에 있다.

244 Catel t. 1 (1800), 59. 여기에서 또한 "아나르쉬스트anarchiste"라는 낱말이 독일어 번역 "Anarchist"로 등재되었으며, 이것은 Campe, *Fremdwb.* (1801), 152면 외에는 독일 언어권의 사전에 담겨있지 않다.

245 "그러므로 방종을 아나키라고 말할 수 있다. 예를 들어 스위서 시민선서 형식에는 다음과 같은 뜻이 있다. "아나키나 방종에 대한 당연한 증오와 함께……",
Campe, *Fremdwb.*, 152.

246 Mellin, *Wörterbuch*, 179 (vgl. Anm 243).

247 Brockhaus Bd. 1 (1809), s. v.

248 *Enc. Britannica*, 3rd ed., vol. 1 (1797); 4th ed., vol. 1 (1810); Chambers vol. 1(Ausg. 1750), s. v.

249 Mozin, *dt. Tl.*, Bd. 1 (1811), 45.

250 *Brockhaus 4.* Aufl., Bd. 1 (1817), 187.

251 같은 곳, 7. Aufl., Bd. 1 (1827).

252 Rotteck, "Anarchie", Ersch/Gruber 1. Sect., Bd. 3 (1819), 467.

253 수많은 구체적 사례들이 실린 《브리태니커 백과사전》(1797 및 1810년)은 프랑스혁명을 언급하지 않았다. *Brockhaus 3.* Aufl., Bd. 1 (1814)는 오직 부문장에서 프랑스혁명을 언급했다. 이해 비해서 Rotteck, "Anarchie", 469 (252번 주를 보라)를 참고.

254 Campe, *Fremdwb.*, 2. Aufl. (1813), 109면은 다음과 같이 정의된다: "무법, 방종(공저자 안톤 베른트Anton Bernd 박사)은 법을 공격하는 자란 정의를 제시하였다." Catel t. 1 (1800), 59: "아나키 당원, 문제를 일으키는 도발자 Partisan de l'anarchie, fauteur' de troubles"; Moznv, franz. Tl., 2e éd., t.1 (1826), 46: "아나키 당원 Partisan de l'anarchie", "정부의 적, 법의 적".

255 Giuseppe Mazzini, *Aphorismus, Schriften*, hg. v. Ludmila Assins, Bd. 1 (Hamburg 1868), 196.

256 Albert Laponneraye(1838), Roger Garaudy, *Die französischen Quellen des wissenschaftlichen Sozialismus* (Berlin 1954), 188면에서 인용.

257 *Westbote*, Nr. 50 (19. 2. 1832).

258 Arnold Ruge, *Die Gründung der Demokratie in Deutschland* (Leipzig 1849), 73.

259 Arnold Ruge an Karl Marx (März 1843), in: *Marx, Frühe Schriften*, hg. v. Siegfried Landshut, Bd. 1 (Stuttgart 1953), 429.

260 Joh. Georg Aug. Wirth, *Die politisch-reformatorische Richtung der Deutschen im 16. und 19. Jahrhundert* (Belle-Vue 1841), 222.

261 Anm 132 참고.

262 Jakob Radtke, *Lehrbuch der Demagogie* (Leipzig 1849), 64.

263 Aux Liberaux, "Le Globe", *Journal de la doctrine de Saint-Simon*, 7. Jg., Nr. 33, 2. 2. 1831, S. 1.

264 Edmund Burke, *A Vindication of Natural Society* (1756), The Works, rev. ed., vol. 1 (Boston 1865), 37. 부정적인 지배 형태의 단계를 나타내는 눈금은 다음과 같이 보인다 — 귀족정, 전제정 따위, 압제정, 아나키.

265 같은 곳, 34. 물론 버크는 '전제정치'와 '압제정'을 다양하게 변형시켜서 사용하는 반면, '아나키'라는 낱말을 단지 한 번 사용하였다.

266 같은 곳, 34. 또한 "전제정치"에 대해서는 그는 "혼란스러운"이란 한정사를 사용하였다. 같은 곳, 37.

267 마찬가지로 Pierre Ramus(Rudolf Grassmann의 다른 이름), *William Godwin, Der Theoretiker des kommunistischen Anarchismus* (Leipzig 1907), 8면 이하. 어떤 점에서는 또한 Nettlau, *Vorfrühling*, 55 (vgl. Anm. 30)도 그러하다. 프리스틀리F. E. L. Priestley가 버크와 고드윈이 무엇보다도 압제정의 판결에 대해서는 비교할 만하다고 부각시킨 것은 적절하다. *Critical Introduction and Notes zu* : William Godwin, *An Enquiry Concerning Political Justice and its Influence on Morals and Happiness*(1793), ed. F. E. L. Priestley , vol. 3 (Toronto 1946), 39.

268 John Milton, *Paradise Lost*, Bücher 2 u. 9.

269 Henry Saint John Bolingbroke, *Dissertation on Parties, Works*, vol. 1(Philadelphia 1841), 178.

270 Godwin, *Enquiry* (267번 주를 보라), ed. R. A. Preston, vol. 2 (New York 1926), 85. 186, 48면 참고.

271 같은 곳, 187.

272 Leslie Stephen, *History of English Thought in the Eighteenth Century*, 3rd ed., vol. 2 (New York 1927), 특히 186면 이하 참고.

273 Helene Saitzeff, *William Godwin und die Anfänge des Anarchismus im 18. Jahrhundert* (phil. Diss. Heidelberg 1907), 65면은 이러한 전통을 "급진적 이단적 사상에서 나온 것"이라고 불렀다.

274 Godwin, *Enquiry*, vol. 2, 188 (270번 주를 보라).

275 Henry Noël Brailsford, *Shelley, Godwin and their Circle* (London, New York, oronto 1949), 86면 이하.

276 Percy Bysshe Shelley, *The Complete Poetical Works*, ed. Thomas Hutchinson (Ndr. London, New York, Toronto 1961), 340, v. 101.

277 같은 이, *Ode to Liberty* (1820), v. 129이하 면. 42이하 면, 같은 곳, 606. 604; Hellas (1821), v. 299면 이하, 같은 곳 459.

278 Proudhon, *Oeuvres compl.*, t. 5 (1926), 339.

[279] 물론 프루동의 몇몇 저술, 1852년 이래로 출간된 저술, 《Du principe fédérative》에는 이미 아나키의 ("도달할 수 없는 이상"으로서) 의미의 차이가 발견된다. 문학에서 Carl Grünberg, "Anarchismus", Wb. d. Volkswirtsch., Bd. 1 (1898), 68이하 면은 이에 대해서 지적했다.

[280] Proudhon, Qu'est-ce que la propriété?, Oeuvres compl., t. 5, 339. 프루동은 여기에서 '아나키' 개념에 대해서 다음과 같이 풀이한다. "아나키에 대해 일반적으로 부여되어 있는 의미는 원칙의 부재, 규칙의 부재이며, 이로부터 아나키를 무질서로 보는 관념이 생겨났다. Le sens ordinairement attribué au mot anarchie est absence de principe, absence de règle; d'où vient qu'on l'a fait synonyme de désordre."

[281] 같은 이, Idée générale de la révolution au XIXe siècle, Oeuvres compl., t. 6(1924), 128.

[282] 같은 곳, 341.

[283] 같은 곳, 343이하 면.

[284] Proudhon, Carnet Nr. 5 (1847), Carnets, éd. Pierre Haubtmann, t.2 (Paris 1961), 134. 이것은 그 밖에도 연구에서 아직 별로 다루지 않은 아나키-유토피아라는 복합적 문제에 대한 몇 가지 전거 중 하나라는 것이 지적되어야 한다.

[285] Proudhon, Oeuvres compl., t. 5, 346.

[286] Proudhon, 1864년 8월 20일 Correspondance, éd. Jérôme Amédée Langlois, t. 14(1875), 32, Max Nettlau, Der Anarchismus von Proudhon zu Kropotkin. Seine historische Entwicklung in den Jahren 1859~1880 (Berlin 1927), 5면에서 인용.

[287] Louis Antoine Garnier-Pagès, Histoire de la Révolution de 1848, 2e éd., t.5 (Paris 1866), 470.

[288] Lorenz V. Stein, Der Socialismus und Communismus Frankreichs von 1830 bis 1848, 2. Aufl. (Leipzig 1855), 많은 곳; 아울러 Nettlau, Vorfrühling, 141 (vgl. Anm. 30).

[289] 칼 포그트는 1849년 12월 이렇게 썼다. "통치하는 자처럼 지배받는 자들의 억

압된 마음에 한숨을 짓는 생기 없는 이러한 상태로부터 유일한 구원자로서 너 달콤한, 세계를 구원하는 아나키여 오라. 와서 국가라 이름 불리는 악으로부터 우리를 구원하라." Nettlau, *Vorfrühling*, 165면에서 인용; 162면 참고.

290 Grün, *Soziale Bewegung*, 448 (239번 주를 보라). 또한 Georg Adler, *Die Geschichteder ersten Sozialpolitischen Arbeiterbewegung in Deutschland mit besonderer Rücksicht auf die einwirkenden Theorien* (Breslau 1885), 94; Nettlau, *Vorfrühling*, 161면 참고.

291 Wilhelm Marr, *Anarchie oder Autorität?* (Hamburg 1852), 128.

292 같은 곳, 108.

293 Moses Hess, *Sozialismus und Kommunismus* (1843), Ausg. Schr., hg. v. Horst Lade wacher (Köln 1962), 154.

294 Hess, *Philosophie der Tat* (1843), 같은 곳, 137.

295 같은 곳, 143.

296 같은 곳.

297 같은 곳, 144.

298 같은 곳, 138.

299 같은 곳.

300 같은 곳, 145.

301 같은 이, "Das Zusammenhalten der materiellen und Privatinteressen" (1843), *Philos. u. sozialistische Schr. 1837-1850*, hg. v. Auguste Cornu u. Wolfgang Mönke (Berlin 1961), 249.

302 Hess, *Philosophie der Tat*, 143이하 면.

303 같은 곳, 146.

304 독일 국민회의에 대한 항의, 마인츠Mainz의 10월 3, 4, 5, 6일 독일 가톨릭 단체 1차 회의의 교섭. 관청 보고 (Mainz 1848), 161.

305 Pierer 2. Aufl., Bd. 2 (1840), 46. 이 부분은 "Anarchie" der 4. Aufl., Bd.

1(1857), 453면에서 생략되었다.

306 Meyer, *große Ausg.*, Bd. 1 (1841), 718.

307 Pierer 2. u. 4. Aufl. (305번 주를 보라). 마찬가지로 Rotteck (1833, 1845, 1856; Anm. 114이하 면 참고); *Brockhaus 9.* Aufl., Bd. 1 (1843), 318; *Allg. dt. Conv. Lex.*, Bd. 1 (1833), 358; Meyer, *große Ausg.*, Bd. 1 (1841), 718; Wigand Bd. 1 (1845), 411; Herder Bd. 1 (1854), 173.

308 Meyer, *große Ausg.*, Bd. 1 (1841), 719.

309 Herder Bd. 1, 173.

310 Lorenz V. Stein, "Der Sozialismus und Kommunismus in Frankreich, Die Gegenwart 1" (1848), 393.

311 Wagener Bd. 2 (1859), 213.

312 Bluntschli/Brater Bd. 1 (1857), 231.

313 *OED* vol. 1 (1933), 307이하 면 참조.

314 Proudhon, *Qu'est—ce que la propriété?*, *Oeuvres compl.*, t. 5 (1926), 335. Nettlau는 1841년 7월과 8월에 나온 잡지 《*l'Humanitaire*》를 언급했다; *Vorfrühling*, 138이하 면(30번 주를 보라).

315 Johann Langhard, *Die anarchistische Bewegung in der Schweiz von ihren Anfangen bis zur Gegenwart und die internationalen Führer* (Berlin 1903), 2이하 면. 익명으로 출간된 글: *Die geheimen deutschen Verbindungen in der Schweiz seit 1833*(Basel 1847)은 서언에서 "아나키즘적인 노력"과 "아나키즘적인 선동"에 대해서 언급했다. Langhard, *Anarchistische Bewegung*, 3. 1848년 프랑스의 6월항쟁의 인상으로 말미암아 급속하게 일련의 작업들이 나왔는 데, 그중에 "혁명적 아나키즘"이 선서되었다. Ernest Coenderoy, *De la révolution dans l'homme et dans la société* (Brüssel 1852); Joseph Déjacque, *La question révolutionnaire* (New York 1854). Nettlau, *Vorfrühling*, 205면 이하 참고.

316 *Larousse* t. 1 (1866), 319.

[317] Schulz/Basler Bd. 1 (1913), 33.

[318] Bismarck, *Gespräch mit L. Bucher*, Franz Meffert, "Zur Theorie und Kritik des Anarchismus", *Soziale Rev.* 6 (1906), 211면에서 인용.

[319] 이를테면 Engels, *Die europäischen Arbeiter im Jahre 1877*, MEW Bd. 19 (1962), 122면 참고: "이들 자칭 '아나키스트들'이 스위스에 처음 뿌리를 내린 후 이탈리아와 스페인으로 확산되었다."

[320] Luigi Fabbri, "Die historischen und sachlichen Zusammenhänge zwischen Marxismus und Anarchismus", *Arch. f. Sozialwiss. u. Sozialpolitik 26* (1908), 594 이하 면. 이러한 의미에서 또한 슈티르너 해석은 Georg Adler, "Stirners anarchistische Sozialtheorie", *Festgaben für Wilhelm Lexis*(Jena 1907), 1면 이하에 있다. 또한 존 헨리 맥케이[John Henry Mackay]는 슈티르너를 높이 평가하였다. *Max Stirner. Sein Leben und Werk* (Berlin, Leipzig 1898).

[321] Paul Desjardins, *L'idée anarchiste*, *Rev.* bleue, 3ᵉ sér., t. 52 (Paris 1893), 803, Anm. 4.

[322] Fabbri, *Zusammenhänge*, 579면 참고

[323] Irving Louis Horowitz, *The Anarchists*: 서론 (New York 1964), 여러 곳. 또한 Joll, *Anarchisten* (s. Anm 35) 참고; Henryk Grossman, "Anarchismus", *Wb. d. Volkswirtsch.*, 4. Aufl., Bd. 1 (1931), 97면 이하.

[324] 진행 및 이전의 역사에 대해서는 Rolf R. Bigler, *Der libertäre Sozialismus in der Westschweiz. Ein Beitrag zur Entwicklungsgeschichte und Deutung des Anarchismus* (Köln, Berlin 1963), 30면 이하 참고.

[325] Marx/Engels, *Die angeblichen Spaltungen in der Internationale* (1872), MEW Bd. 18 (1964), 50.

[326] 이에 대해서 Engels an Ph. van Patten, 18. 4. 1883 참조. "아나키스트들은······ 그들이 국가의 정치적 조직을 폐지하는 데에서 프롤레타리아 혁명이 시작되어야 한다고 설명한다. 하지만 승리하는 프롤레타리아를 이미 발견한 유일한 조

직은 바로 국가이다. 국가는 자신의 새로운 기능을 충족시킬 수 있기 전에 변화를 필요로 할 것이다. 그러나 국가를 이와 같은 순간에 붕괴시키는 것, 이는 승리하는 프롤레타리아가 이를 통하여 방금 얻은 권력을 행사할 수 있는 유일한 조직을 붕괴시키는 것이다. *MEW* Bd. 36 (1967), 11.

[327] Georgi Walentinowitsch Plechanow, *Anarchismus und Sozialismus*(Berlin 1894), 17면 이하. 마찬가지로 나중에; Nikolai Iwanowitsch Bucharin, *Anarchismus und wissenschaftlicher Kommunismus* (Hamburg 1919).

[328] Max Adler, *Die Staatsauffassung des Marxismus. Ein Beitrag zur Unterscheidung von soziologischer und juristischer Methode* (Wien 1922; Ndr. Darmstadt 1964), 242. Adler에 관해서 현재는 Peter Heintel, *System und Ideologie. Der Austromarxismus im Spiegel der Philosophie Max Adlers* (Wien, München 1967), 특히 301면 이하 참고.

[329] Michael Bakunin, *Gott und der Staat* (1871), hg. v. Max Nettlau, 2. Aufl. (Leipzig 1922), 38.

[330] Peter Kropotkin, *Modern Science and Anarchism* (New York 1908), 5.

[331] *Congrès anarchiste tenu à Amsterdam, août 1907. Résolutions approuvées par le Congrès anarchiste tenu à Amsterdam. Compte—rendue analytique* (Paris 1908), 43.

[332] Joll, *Anarchisten*, 247면 이하. (33번 주를 보라). 욜에 의하면 스페인 아나키스트의 슬로건은 수십 년간 "인간의 평화, 제도에 대한 전쟁!"이었다.

[333] Peter Heintz, "Anarchismus", *RGG 3*. Aufl. Bd. 1 (1957), 353면 이하.

[334] Alphons Courtois Fils, *Anarchisme théorique et collectivisme pratique* (Paris 1885), 42면 참고.

[335] Michelis De Rienzi,, *l'Anarchisme* (Brüssel 1893), 7면 이하. Jean Grave, *La société mourante et l'anarchie* (Paris 1893) 참고.

[336] Rienzi, *l'Anarchisme*, 9.

[337] Carlo Cafiero, *Anarchie et communisme* (Paris 1899), 5.

[338] 이에 대해서 무엇보다도 Helmut Kreuzer, *Die Bohème. Beiträge zu ihrer Beschreibung* (Stuttgart 1968), 279면 이하 참고.

[339] Theodor Plievier, *Anarchie* (Weimar 1919), 10.

[340] Johannes R. Becher, "Verfall und Triumph, 2. Teil", *Versuche in Prosa* (Berlin 1914), 13.

[341] Kurt Hiller, "Nach Thomas Mann: Franz Werfel (1918)", Paul Pörtner, *Literaturrevolution 1910-1925. Dokumente, Manifeste, Programme, Bd. 2* (Neuwied, Berlin 1961), 425에 수록.

[342] 이에 관해서 이제 William O. Reichert, "Toward a New Understanding of Anarchism", *The Western Polit. Quarterly* 20 (1967), 856면 이하 참고.

[343] Nettlau, *Vorfrühling*, 114면에서 인용.

[344] Emma Goldmann, "Anarchism: What It Really Stands For", 같은 이, *Anarchism and Other Essays* (New York 1910), 58.

[345] 같은 곳, 56.

[346] 같은 곳, 71.

[347] Rudolf Meyer, *Der Emancipationskampf des vierten Standes*, 2. Aufl., Bd. 1(Berlin 1882), 44.

[348] Otto Mejer, *Einleitung in das Deutsche Staatsrecht*, 2. Aufl.(Freiburg 1884), 8.

[349] Herder 2. Aufl., Bd. 1 (1875), 144.

[350] Max Weber, *Politik als Beruf* (1919), Ges. polit. Schr. (München 1921), 397.

[351] Georg Simmel, *Soziologie*, 3. Aufl. (München, Leipzig 1923), 293.

[352] Georg Simmel, *Das individuelle Gesetz. Philosophische Exkurse*, hg. v. Michael Landmann (Frankfurt 1968), 249에서 인용.

[353] Meyer, *Neues Lexikon*, Bd. 1 (Leipzig 1963), 247.

[354] 같은 곳.

[355] 초기의 게오르크 루카치Georg Lukács는 이를테면 "아나키즘적 환상과 유토피

아", "감정적 아나키……, 법적 아나키……, 아나키즘적-개인주의적 반
역……, 현대적 예술가들을 지배하는 아나키……, 아나키적이거나 우연적 연
관……, 주관주의 혹은 아나키즘적 기분"에 대해서 언급하였다. *Schr. z.*
Ideologie u. Politik, hg. v. Peter Ludz (Neuwied, Berlin1967), 345면 이하.

[356] Daniel Guérin, *l'Anarchisme. De la doctrine à l'action* (Paris 1965).

[357] Max Nomad, *Political Heretics. From Plato to Mao Tse-tung* (Ann Arbor1963).

[358] Anm. 323 참고.

[359] "Planung in der Marktwirtschaft. Vorträge, Schriftenr. d. Friedrich-Naumann-
Stiftung z. Politik u. Zeitgesch.", H. 7 (Stuttgart 1964), 144면의 토론 기고문
참고.

찾아보기

코젤렉의 개념사 사전 15 — 아나키/아나키즘/아나키스트

◉ 2019년 5월 12일 초판 1쇄 인쇄
◉ 2019년 5월 19일 초판 1쇄 발행
◉ 글쓴이   페터 크리스티안 루츠·크리스티안 마이어
◉ 엮은이   라인하르트 코젤렉·오토 브루너·베르너 콘체
◉ 기 획   한림대학교 한림과학원
◉ 옮긴이   송재우
◉ 발행인   박혜숙
◉ 책임편집   김 진
◉ 펴낸곳   도서출판 푸른역사
    우 03044 서울시 종로구 자하문로8길 13
    전화: 02)720-8921(편집부) 02)720-8920(영업부)
    팩스: 02)720-9887
    전자우편: 2013history@naver.com
    등록: 1997년 2월 14일 제13-483호
ⓒ 한림대학교 한림과학원, 2019

ISBN   979-11-5612-140-4 94900
세트   979-11-5612-141-1 94900

· 잘못 만들어진 책은 교환해드립니다.